책 한잔 어때요

책 한잔 어때요

발행일	2024년 9월 30일
지은이	양지욱, 김지윤, 최경희, 박진선, 홍미영, 문미영, 장혜숙, 김정후, 김순철, 조은애, 황상열
펴낸이	손형국
펴낸곳	(주)북랩
편집인	선일영	편집 김은수, 배진용, 김현아, 김부경, 김다빈
디자인	이현수, 김민하, 임진형, 안유경, 최성경	제작 박기성, 구성우, 이창영, 배상진
마케팅	김회란, 박진관
출판등록	2004. 12. 1(제2012-000051호)
주소	서울특별시 금천구 가산디지털 1로 168, 우림라이온스밸리 B동 B111호, B113~115호
홈페이지	www.book.co.kr
전화번호	(02)2026-5777	팩스 (02)3159-9637
ISBN	979-11-7224-296-1 03810 (종이책) 979-11-7224-297-8 05810 (전자책)

잘못된 책은 구입한 곳에서 교환해드립니다.
이 책은 저작권법에 따라 보호받는 저작물이므로 무단 전재와 복제를 금합니다.
이 책은 (주)북랩이 보유한 리코 장비로 인쇄되었습니다.

(주)북랩 성공출판의 파트너

북랩 홈페이지와 패밀리 사이트에서 다양한 출판 솔루션을 만나 보세요!

홈페이지 book.co.kr • 블로그 blog.naver.com/essaybook • 출판문의 book@book.co.kr

---

작가 연락처 문의 ▶ ask.book.co.kr

작가 연락처는 개인정보이므로 북랩에서 알려드릴 수 없습니다.

책 한잔 어때요

영혼의 갈증을 해소하는 독서의 힘

양지욱, 김지윤, 최경희, 박진선, 홍미영, 문미영,
장혜숙, 김정후, 김순철, 조은애, 황상열

북랩

차례

프롤로그 영혼의 치료제, 영혼의 상자   8

1장
내가 책을 읽는 이유

01 사랑의 노동을 위하여 (양지욱)   14
02 감히 나의 마음을 이해받을 수 있을까? (김지윤)   21
03 읽으면 더 나아진 나를 만나게 된다 (최경희)   26
04 책 한 장의 바람이 우리의 바람을 이루어 주길 바라며 (박진선)   30
05 인생 최고의 스승! 매일 만나러 갑니다 (홍미영)   36
06 추억으로 남을 만한 경험을 하게 해 준 독서 (문미영)   42
07 사랑하는 아들, 엄마가 미안해! (장혜숙)   47
08 그럼에도 불구하고 (김정후)   53
09 나의 독서 이야기 (김순철)   58
10 유창한 유튜버가 되기 위해 (조은애)   63
11 어떻게 시작해도 독서는 진리다 (황상열)   68

2장
책을 잘 읽는 법, 그딴 건 없지만

01 책의 집을 산책한다 (양지욱)   76
02 나의 반백 년 독서 인생사 (김지윤)   82
03 읽는 책에 따라 다르게 읽기 (최경희)   89
04 독서, 그 시작이 어렵다면 (박진선)   93
05 나를 가장 잘 비춰 주는 거울 '독서' (홍미영)   98
06 기분에 따라, 컨디션에 따라 병렬 독서 합니다 (문미영)   103
07 줄줄이 사탕처럼 이어지는 책 읽기 (장혜숙)   108
08 카오스에서 그린 그림 (김정후)   114
09 목표를 설정하여 읽어 보자 (김순철)   119
10 1인 기업가가 되기 위한 책 잘 읽는 법 (조은애)   125
11 글쓰기에 도움이 되는 독서법이란? (황상열)   130

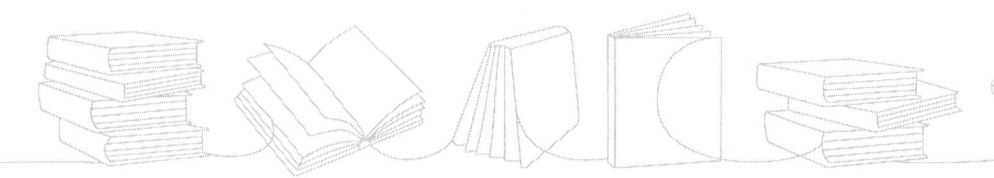

3장
내 인생 책을 소개합니다

01 버리면 버릴수록 행복해졌다 (양지욱)   138
02 광야를 홀로 건너는 방법 (김지윤)   144
03 다시 살아가게 하고 다시 공부하고 싶게 만든 책 (최경희) 149
04 진짜 어른 만들기 프로젝트 (박진선)   152
05 살아온 기적, 살아갈 기적의 힘 (홍미영)   157
06 나를 변화시킨 인생 책을 소개합니다 (문미영)   163
07 결혼은 신중하게, 이혼은 더 신중하게 (장혜숙)   167
08 하루살이가 발견한 하루의 가치 (김정후)   176
09 인생 책, 당신이 옳다 (김순철)   181
10 생각 정리 스피치 (조은애)   185
11 괴테에게 배우는 인생 (황상열)   189

에필로그   194

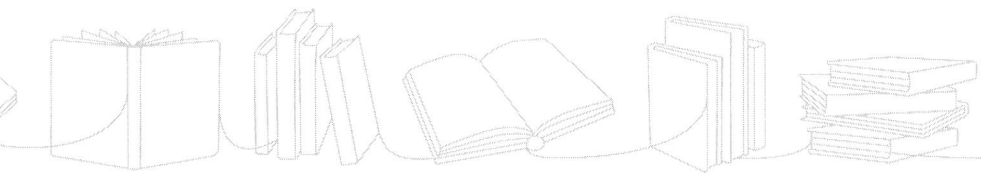

프롤로그

영혼의 치료제, 영혼의 상자

고대 티벳 도서관 입구에 쓰여진 글이라고 한다. 책이 인간에게 영혼을 치료하는 약이 된다는 것이다. 당신은 아마 정확히 몰랐어도 책을 읽어야 한다는 것은 스스로 알고 있을 것이다. 그러니 지금 이 책을 읽고 있는 것 아닌가.

10여 년 사이 정말 많은 것들이 바뀌었다. 지금 이 순간에도 많은 것들이 세계 곳곳에서 변화하고 있을 것이다. 특히 세계의 공통 재난이었던 코로나19로 문화조차도 바뀌었다. 밤늦은 시간까지 영업을 이어 가던 식당이나 카페도 영업 시간이 단축되었고, 음주 문화나 회식 문화도 달라져 우리의 일상의 관심사도 다양하게 퍼져 나가고 있다.

내가 근무하는 곳 주변에 잘되는 식당이 있다. 낮이나 밤에도 손님들이 줄을 이었고, 식사를 하고도 포장까지 해 가는 손님들이 많았다. 나 또한 가끔 들러 식사를 하고 포장을 따로 해서 왔던 기억이 있다. 하지만 오랜만에 매장을 방문하니 저녁은 영업을 안 한다는 것이다. 새로 지은 건물에 저녁 인건비도 세이브되고, 포장만 가능하다니 손님들도 포장으로 만족하는 것 같다. 지금도 여전히 그곳엔 손님이 많다. 택배와 배달은 계속 증가하고 있고, TV 홈쇼핑은 이제 스마트폰 쇼핑으로 대체되었고, AI 알고리즘으로 더 쉽게, 더 빠르게 우리의 일상은 변해 가고 있다.

하지만 그럼에도 불구하고 여전히 바뀌지 않은 것 중 하나는 '독서'의 중요성이다. 어쩌면 더 강화되는 추세가 아닐까 싶다. 인간이 하던 거의 많은 부분이 로봇으로 대체되고 AI의 등장으로 사람이 공을 들여 에너지와 시간을 써서 만들었던 창작물들이 이제 Chat GPT를 통해 아주 짧은 시간에 명령어로 주문만 하면 그림이든 글이든, 심지어 음악까지도 창작이 가능하다. 여기서 가장 중요한 건 어떤 것을 원하는지 구체적인 언어로 표현을 했을 때 결과물들이 달라진다는 것이다. 결국 생각하는 능력, 표현하는 능력이 있어야 원하는 결과물을 얻어 낼 수 있다는 것이다.

그렇기에 우리는 책을 읽고 정신적인 작용을 거쳐 나의 생각을 구축하고 언어로서 표현할 수 있게 되는 것이다. 그런데 여기서 함정은 누구나 다 독서해야 하고 중요하다는 것을 이미 알고 있다는 것이다. 가끔 강의를 통해 만나거나 지인들과 대화하면 전에는 책을 읽었으나 멈추어 있는 사람들, 읽기가 중요한 것은 알고 있으나 다른 것이 우선순위가 되고 늘 밀리다가 숙제처럼 마음만 무겁게 시간을 보내는 사람들, 읽기는 하나 나눔이 없고 읽기로 끝나 버리는 사람들이 있었다.

대한민국이 선진국 대열에 섰다고 하지만 독서나 다른 지표를 살펴보면 아직은 좀 이른 판단인 것 같다. 대부분의 선진국, 복지가 잘 되어 있고 잘사는 나라들을 살펴보면 공통점이 있다. 40~50대의 어른들이 계속 책을 읽고, 토론하고, 변화하고, 사회를 변화시키고, 다음 세대에게 긍정적 영향을 미친다는 것이다.

 그들은 여가 시간에 독서를 하고, 작가와의 만남을 가지고, 읽은 사람들끼리 토론하고, 자신의 글을 쓰고, 출판한다. 결국 독서가 인생을 더 나은 곳으로 나아가게 함과 동시에 그들이 속한 사회가 더 좋은 사회가 되도록 영향을 미친다는 것이다. 자! 이 책으로 같이 한잔 해 보는 것은 어떨까?

2024. 9.
저자 최경희

1장

내가 책을 읽는 이유

01

사랑의 노동을 위하여
(양지욱)

　책은 사람과 사람을 연결해 주는 매개체다. "『글로 옮기지 못할 인생은 없습니다』에서 양지욱 작가 숙모님의 글을 읽으면서 유종호 교수의 '사랑의 노동'만이 이 세상에서 소중한 성과를 올릴 수 있다는 말을 떠올렸습니다. 저는 숙모님이 '사랑의 노동'으로 만들 수 있는 좋은 글들을 많이 쓸 수 있었으면 합니다. 그래서 작가계의 샤넬 같은 존재가 되기를 바랍니다."라는 조카의 편지를 읽고 새로운 꿈이 생겼다. '작가계의 샤넬'이라는. 책이 준 선물. 다시 한번 나의 운명을 바꿀 수 있는 출발점이다.

　책은 사람의 인생을 송두리째 바꾼다. 2018년, 책을 비우기 시작하여 집 안 구석구석 물건 비움까지 거의 마치고, 2021년 5월에 블로그 글쓰기를 시작했다. 주제를 문학·책으로 정했기 때문에 무슨 책을 읽고 글을 써야 하나 생각하다가 동네 도서관에 들렀다. 제1 자료실에서 책을 구경하다가 '아무것도 못 버리는 여자의 365일 1일 1폐 프로젝트'라는 부제가 붙은 『날마다 하나씩 버리기』를 빌렸다. 미술대학 도예과를 졸업한 선현경 작가의 책으로, 제목과 부제목에 내용이 그대로 담겼다. 365개의 그림과 함께 그리 많지 않은 문장이 마음을 편안하게 만들었다. 그 책을 읽으면서 '음, 나도 이 정도면 책을 쓸 수 있겠어.'라는 생각이 뇌리를 스쳤다. 그날 읽은 그 책이 지금의 나를 작가로 만든 시작점이었다.

이어서 『운명을 만드는 절제의 성공학』을 읽었다. 일본의 대사상가이자 운명학자인 미즈노 남보쿠는 "자신이 성공할 것인가를 알고 싶다면 먼저 식사를 절제하고, 이를 매일 엄격히 실행해야만 합니다. 만약 이것이 쉽다면 반드시 성공할 것이고, 그렇지 않다면 평생 성공할 수 없다고 판단하면 됩니다. 식사를 절제할 수 있는 사람은 모든 것을 절제할 수 있습니다."라고 말했다. '성공하고 싶다면 식욕을 절제하는 일부터 시작해야겠구나!' 생각하고 실천에 들어갔다. 생각보다 쉽지 않았다. 며칠은 마음먹고 잘하다가 곧잘 무너지곤 했다.

'절제'라는 가치는 삶의 모든 영역과 관련이 있다. 어느 날, "돈은 벌고 싶다면 24시간 돈을 벌려고 일을 할 것이 아니라, 가지고 있는 돈을 쓰지 않으면 된다."라고 어느 유튜버가 말하는 것을 들었다. '맞다!' 이전에 읽었던『운명을 만드는 절제의 성공학』이 떠올랐다. 살을 빼는 것, 물건을 안 사고 돈을 안 쓰는 것, TV나 유튜브 시청을 하지 않는 것 등 전부가 절제만 잘하면 되는 일이 아닌가? 일을 더 하기는 실행하기 어렵지만, 하지 않기만 하면 성공할 수 있는 일을 왜 실행에 옮기지 못할까? 그 책을 다시 꺼내 읽었다. 절제의 미학에 도달하기 위하여 '생활에 필요한 물건만 사기'부터 실천 중이다.

책을 읽고 블로그에 포스팅하다 보니 글 쓰는 삶이 좋아졌다. 일기 쓰기도 추가되었다. 힘이 들었으나 습관으로 만들었다. 그러다 보니 자연스럽게 정년퇴직 이후에 작가로서 살고 싶은 꿈이 생겼다. 그해 9월부터 '퇴직할 때까지 작가로서의 준비를 미리 하고 나가자'라는 주제로 책 쓰기를 시작하였다. 퇴직 관련 책『은퇴 후 8만 시간』을 시작으로 많이 읽을 수밖에 없었다. 그 결과, 새로운 삶이 눈앞에 펼쳐졌다.

첫째, 책 구매에 쓰는 비용이 많아졌다. '책값은 아끼지 말고 쓰자'가 기본 생각이다. 책을 읽다가 작가가 책에서 언급한 책, 타인의 블로그를 들여다보거나 유튜브를 보다가 새로 알게 된 책, 학교 도서관에서 빌려 읽는 책 중 여러 번 읽어야 할 책은 바로 YES24 카트에 담아 한번에 결제했다.

둘째, 많은 작가를 알게 되었다. 독서를 하면 삶과 글이 일치된 작가를 만나는 기쁨이 있다. 전에는 작가가 어떻게 살았는지 거의 관심이 없었다. 그러나 지금은 작가의 모든 삶이 작품에 반영된다는 것을 알기에 그들의 생생한 삶을 들여다본다. 어떤 환경에서 자랐는지, 성격은 어떤지, 가족 관계는 어떤지, 어떤 작가의 영향을 받았는지, 몇 년 동안 글쓰기에 전념하였는지 등 개인적인 관심사와 취향, 취미와 특기, 가치관, 삶의 철학, 작품 활동 등 모든 것을 알고 싶다.

30년 이상 글을 쓰며 살아온 전업 작가를 만나게 되면 존경심이 우러나온다. '그렇게 긴 세월을 어떻게 돈에 흔들리지 않고 한결같이 걸어올 수 있었을까.'라는 마음에서.

고미숙 작가는 고전 평론가로, 20대에는 청년 백수, 30대 중반에 박사 학위를 받았지만 40대 초, 중년 백수가 되었다. 혼자는 너무 심심하고 외로워서 공부 공동체를 꾸렸다. 전영애 작가는 서울대학교 명예교수로, 괴테 연구에 모든 힘을 바치고, 맑은 사람들을 위한 책의 집 '여백서원'을 지어 운영하고 있다. 책을 읽으면서 두 분의 고유한 냄새를 떠올리고, 좋아하는 일을 평생 어떻게 해 왔는지 알고 싶어 유튜브에서 강의를 찾아 듣는다. 그들의 삶의 공간을 따라가서 지난날 흔적을 찾는다. 알면 알수록 그들처럼 살고 싶다.

셋째, 생각하는 연습을 한다. 사실 글쓰기 전에는 독서를 거의 하지 않았다. 글을 쓰면서 생각의 가난이 아닌, 빈곤함을 알게 되었다. 물론 Chat GPT, 유튜브, 영화 감상, 드라마 시청을 통하여 생각을 건질 수도 있다. 하지만 가장 좋은 방법은 독서다. 작가가 영혼을 갈아 넣어 쓴 책의 문장을 하나하나 읽는다. 생각을 얼마나 넓고 깊게 하는지 언어의 마술사가 따로 없다. 그 마술사가 쓴 문장을 읽고 생각하는 연습을 한다. "그대의 글이 그대의 현실이다."라는 문장을 읽고 "오늘 나의 글이 나의 현실이다."라는 문장을 써서 들여다보았다. 알면 보인다고, 쓰면 쓸수록 부끄럽다. 그것을 극복하는 방법은 매일 일정한 시간을 정해서 정해진 분량의 글을 쓸 수밖에 없다.

넷째, 공부를 많이 하면 할수록 자신이 모르고 있다는 사실을 자각하게 되어 공부할 것이 더 많아진다. 독서도 그렇다. 글쓰기를 하면 할수록 독서가 더 필요하다. 읽어야 할 책이 더 많아졌다. 작가 대부분은 한 권의 책을 쓰기 위하여 최소한 40권 이상의 책을 읽고 있었다. 몸보다 마음이 더 바쁘지만, 최선을 다해 책을 읽으려 노력한다.

기시미 이치로는 『내가 책을 읽는 이유』에서 "내가 가장 자주 보는 책은 내가 쓴 책이다. 내가 쓴 글인데도 다시 읽으면 다른 의미가 보인다. 집필할 때는 경험하지 못했던 것들을 그 후의 삶에서 경험하기 때문이다. 그래서 일이 잘 풀리지 않을 때는 예전에 내가 쓴 책에서 이전과 다른 의미를 발견하고 해결의 실마리를 찾는다."라고 말했다.

나도 내 책을 가끔 읽는다. 혹시 잘못 쓴 부분이 있나? 확인하고 싶을 때. 아니면 나에게 선물한 단어가 지금도 살았는지 확인하고 싶을 때. 어디에 밑줄을 그을까! 페이지를 넘기고 넘기다 248페이지 마지막 줄 **"그대에게 행복을 주는 사람이 되고 싶다."**에서 멈추었다. 책 속에 박제되어 있다. '그 속에서 그녀를 꺼내서 꼭 껴안아 주리라.'라고 마음먹는다.

매년 3월 2일 개학 날 '처음 만나는 그대'. 올해는 고등학교 1

학년 학생들이다. 어떻게 일 년을 시작할까? 어떤 친구들이 올까? 개학이 이틀 남은 3월 2일 새벽에 글을 쓰며 그대들을 생각한다.

02

감히 나의 마음을 이해받을 수 있을까?
(김지윤)

그 어디에서 날 기다리는지 둘러보아도 찾을 수 없네
그대여 힘이 돼주오 나에게 주어진 길 찾을 수 있도록
그대여 길을 터주오 가리워진 나의 길

- 유재하, '가리워진 나의 길' 중

나에게 밤 10시란 오직 나 혼자 있을 수 있는 유일한 시간, 자유와 해방의 시간, 성장과 치유의 시간, 나에게로 찾아가는 사막을 건너는 시간, 마치 수도원에서 예배를 드리는 수도사처럼 경건한 시간이다.

나는 아이의 코 고는 소리를 신데렐라에게 호박 마차가 도착한 것처럼 반가워하며 나에게 기댄 아이의 손을 조심히 내려놓고 그날 오전부터 읽고 싶었던 책을 들고 안방 화장실 앞에 벽을 기대고 앉는다. 아이가 깰까 봐 화장실 불만 환히 켜고 살짝 열어 놓은 화장실 문틈에서 새어 나오는 불빛으로 나의 세상과 만난다.

가끔은 감동으로 뜨거운 눈물을 흘리고, '나도 열심히 뜨겁게 살아야겠다' 의지를 불태우기도 하며 낮 동안, 아니, 내 삶 속의 상처와 절망 등을 속 깊은 친구에게, 전지전능한 신에게 털어놓듯이 책과의 대화를 시작한다.

감히 나의 마음을 이해받을 수 있을까?

- 조윤제, 『다산의 마지막 공부』 중

그 누구에게도 이해받을 수 없을 것 같은 내 마음속 그랜드 피아노 연주처럼 웅장한 울림을 이해받는 시간. 누군가 '괜찮다, 다 괜찮다' 하면서 나를 꼭 껴안아 주는 느낌으로 치유받는 시간.

둘째 딸아이를 39세 되던 해에 낳고, 나는 그토록 좋아하던 책을 놓아 버렸었다. 유독 잠이 없던 딸아이를 항상 업거나 품에 안고 아기띠를 한 채 푸르른 하늘과 눈이 부신 꽃들을 바라보아도 아무 감흥도 없이 얼른 이 시간이 지나가기만을 새장에 갇힌 새가 훨훨 날아가는 상상을 하듯 고대하고 기다렸던 것 같다. 그렇게 인내의 시간이 흐르고, 아이가 어린이집에 다니게 되며 난 복직을 하여 다시 직장으로 돌아왔다. 여전히 책은 더 새로울 게 없는, 예전의 취미였을 뿐이었다.

그러던 그해 어느 밤, 난 밤에 핸드폰 대신 큰아이 책장에 있던 한 권의 책을 집어 들었다.
『키다리 아저씨』. 그렇게 읽기 시작한 책은 새벽 1시까지 나를 흐느끼며 울게 하였고, 비로소 나의 오랜 취미를 다시 만나게 된 기쁨과 감동은 나를 전율케 하였다.

퉁퉁 부은 눈으로 출근한 다음 날, 근무하는 학교 도서관에서 교사와 어른을 위한 책장 앞에서 책들을 둘러보며 나는 이 도서관에 읽는 책을 다 읽고 학교를 옮길 거라는 비장한 각오를 세웠다.

우선 주로 자기 계발서와 교육 관련 도서들을 마음이 이끄는 대로, 손길이 머무는 대로 읽기 시작했다. 아이를 재우고 책과 만날 시간이 하루 종일 기다려졌고, 책과 함께하는 시간은 한밤중이었다. 내 내면에서 일어나는 파티가 즐거웠다. 나만의 세계가 점점 커지고 새로운 세계로 연결되는 그 느낌을 어떻게 설명할 수 있을까? 나만의 비밀 화원을 내 마음에 숨겨 두고 밤마다 문을 열고 들어가는 기분이라 할까? 각양각색의 화려한 꽃들과 향기로운 허브들, 작고 귀여운 열매들 사이에 서 있는 자유로운 나의 모습을 만나는 시간 말이다.

누군가 내게 책을 읽고 뭐가 달라졌냐고 묻는다면 난 "사람이 달라졌어. 죽을 때까지 배워야 한다는 것을 깨달았어. 그리고 그전보다 사는 맛이 나는 것 같아."라고 말해 줄 것이다. 독서하는 시간이 쌓여 갈수록 난 사소한 것과 작은 것에 감동하고 감사하는 태도를 기르게 되었고, 나 자신을 사랑해야 한다는 것과 동시에 다른 사람을 함부로 판단하여 내 잣대로 꼬리표를 달면 안 된다는 것을 마음 깊이 새길 수 있었다.

'그 사람의 신발을 신고 오랫동안 걸어 보기 전까지는 그 사람을 판단하지 말라'는 인디언 속담과는 달리 오랫동안 난 나의 짧은 관찰과 미흡한 판단으로 저 사람은 저렇고, 이 사람은 이런 타입이라고 단정 지어 사람을 대했다. 그러나 여러 소설과 에세이들을 읽으며 다른 사람의 신발을 신고 걸어 보진 못했어도 잠깐 신발을 신어 볼 순 있었다. 한 사람 한 사람이 각자 신비하고 오묘한 존재라는 것을, 그리고 나 자신이 있어서 이 세상을 보고 느끼며 탐구할 수 있으므로 나 또한 저 하늘의 별처럼 빛나는 존재라는 것을 느끼고 또 느끼는 것이다.

    만나는 사람마다 네가 모르는 전투를 치르고 있다. 친절하라, 그 어느 때라도.

- 비욘 나티코 린데블라드, 『내가 틀릴 수도 있습니다』 중

요즘 자주 떠올리는 문장이다. 내 마음의 그릇이 커져야 나와 다른 사람에게 친절할 수 있을 것이다. 앞으로 내게 주어진 보석 같은 나날들이 책 읽기를 통해 꼰대가 아닌 어른다운 어른이 되어 가는 여정이 될 것이라 기대해 본다.

03

읽으면 더 나아진 나를 만나게 된다
(최경희)

"나는 방금 책꽂이에서 한 권의 책을 꺼내 읽었다.
나는 이미 조금 전의 내가 아니다."

- 헤르만 헤세(Hermann Hesse)

구미 삼일문고에서 발견한 한 문장을 두고두고 마음속에 새기게 되었다.

헤르만 헤세의 말에 공감할 수밖에 없었다. 어린 시절 나에게 책은 교과서가 전부였다. 학교에서 읽고 집에 와서도 읽을 수 있었던 유일한 책. 그나마 초등학교 1학년 담임 선생님이 이웃에 사는 같은 반 친구가 읽기에 어려움을 겪어 읽기 숙제 짝꿍으로 지정해 주신 덕분에 책을 한 번 더 읽게 되었다. 그래서인지 학교에서 읽기 시간이 가장 좋았다.

하지만 나의 읽기 환경이 나아지진 않았다. 스스로 책 읽기에 관심도 없었고, 주위에 만화책을 좋아하는 친구가 있었고, 중학생 때는 하이틴 로맨스에 빠져 수업 시간에 책상 밑에 두고 읽는 친구들도 있었다. 하지만 여전히 그 친구들을 이해하지 못하고 중학교 3학년 여름 방학 숙제로 독후감을 쓰기 위해 우연히 만난 에밀리 브론테의 『폭풍의 계절』을 다 이해하지 못한 채 꾸역꾸역 읽었던 기억이 있다.

그러다 30대가 되어 그림책으로 다시 책을 만나 조금씩 나아지는 나를 만나고 있는 중이다.

동화 구연을 배우며 동화책을 다시 읽고 어린이들에게 그림책을 읽어 주며, 성인 학습자가 되어 지금까지 학습자로 지내고 있다. 책 한 권을 읽을 때마다 나는 다시 태어난다. 그전에 몰랐던, 느끼지 못했던 것들을 가슴에 담는다. 그것들이 쌓여 나는 더 나은 내가 되고, 또 다른 세상으로 나아가게 한다.

물론 우리 삶은 어쩌면 나날이 새로운 도전이며, 끊임없이 노력하며 견뎌 내야 하는 과정일지도 모른다. 그 과정을 잘 통과하기 위해 우리는 읽고, 사색하고, 지혜로운 선택을 할 수 있어야 한다. 크리스티앙 보뱅은 그의 책에서 이렇게 말했다.

몇 시간이고 책을 읽다 보면 영혼에 살며시 물이 든다. 당신 안에 존재하는 비가시적인 것에 작은 변화가 닥친다. 당신의 목소리와 눈빛이, 걸음걸이와 행동거지가 달라진다.

- 크리스티앙 보뱅, 『작은 파티 드레스』 중

지난여름, 어렵고 힘든 시기를 지날 때의 기억이다. 돈 미겔 루이스, 돈 호세 루이스, 재닛 밀스의 『이 진리가 당신에게 닿기를』이라는 책을 만났다. 마음이 힘들면 좀처럼 앞으로 나아가기가 힘이 든다. 할 일의 목록들이 이어짐에도 불구하고 몸이 움직여지지 않고 시간이 허공에 흩어지는 것처럼 하루하루 무의미하게 지나는 일들이 있었다. 그때 만난 이 책은 나를 사유하게 했고, 마음을 다시 붙들고 건강한 뿌리들로 나를 일으켜 세웠다. 책 읽기의 힘이었다. 그 힘은 나의 영혼을 씻겨 다시 힘을 내어 앞으로 나아가게 했다.

크리스티앙 보뱅의 말이 나에게 다가온 순간이었다.

책을 읽는 순간 당신은 당신의 삶으로부터 삶 자체로, 단순 현재에서 완료된 현재로 건너간다.

- 크리스티앙 보뱅, 『작은 파티 드레스』 중

분명 지금의 '나'는 방금 책을 읽었을 뿐인데, 다른 '나'로 현재에 머물게 되는 것이다. 그것을 알아 버렸기에 책 읽기는 계속될 수밖에 없다.

함께 독서클럽에서 활동했던 30대 초반의 한 여성은 마음이 힘들 때면 서점이나 도서관에서 책을 읽는다고 했다. 누군가는 공감하기 어려운 일일 수도 있으나 그 자리에 있던 우리 모두는 감탄하며 공감했고, 부러워했다. 연령대가 많은 사람들은 그전에 나도 그랬으면 좋았겠다는 말과 함께.

그렇게 우리는 조금씩 나아지고 있고, 조금씩 타인의 마음을 헤아리고 자신을 조금 더 가까이 바라보게 된다.

책 읽기를 통해서.

04

책 한 장의 바람이
우리의 바람을 이루어 주길 바라며
(박진선)

"저는 읽는 내내 저에게 경고의 메시지를 주는 듯 느꼈습니다. 온통 까만색으로 가득 채운 까만 집에서 사는 마녀 위니는 '엄마'인 저를 그려 낸 것이라고 생각이 들었어요. 까만 고양이 윌버가 까만 집 안에서 눈에 잘 띄지 않아 말썽이 일게 되는 순간 순간들에 윌버의 잘못은 전혀 보이지 않았지만, 위니는 제멋대로 본인의 편의에 맞게 윌버의 털 색깔을 바꿔 버리는 선택을 합니다. 그렇게 털 색깔이 바뀔 때마다 각기 다른 곤경에 처하는 윌버가 가엾다는 생각과 위니의 선택에 안타까움이 밀려들었습니다. 동시에 저를 돌아보게 되었어요. 난 '엄마'로 내 아이들에게 위니처럼 마법 지팡이를 휘두르듯 내 멋대로 굴고 있지는 않은지, 아이들의 의견을 듣고 있는지.

책을 보면 표지부터 이야기가 흘러가는 내내, 그리고 마지막까지 윌버의 털 색깔이 바뀌어도 윌버의 눈동자 색은 바뀌지 않아요. 저는 그 초록 눈동자가 윌버의 '마음'을 대변해 주는 것이 아닐까 생각했어요. 마녀 위니가 털 색깔은 마음대로 바꿀 수 있지만 윌버의 마음까지도 마음대로 바꿀 수는 없다는 메시지를 주는 것은 아닐까 하는 생각을 했습니다. 마녀 위니가 결국 윌버를 다시 까만 고양이로 되돌려 놓고 집을 알록달록 예쁘게 꾸며 놓는 선택을 하였듯이, 저도 아이들의 마음에 더 집중하고 아이들의 목소리에 더 집중하는 엄마로 지내는 것에 소홀하지 말아야겠다고 다짐하게 되었고, 많은 반성과 생각을 가져다준 책이었습니다."

- 2020년 첫해에 가졌던 그림책 독서 온라인 모임 속 내 발표 중…

여러 독서 모임을 갖는다. 처음 시작은 그림책 하브루타 독서 모임이었다. 같은 반 엄마들끼리 온라인상으로 모여서 함께할 수 있도록 둘째 아이의 담임 선생님께서 이끌어 주셨다. 부모 교육으로 인연을 맺은 선생님과의 시간이 너무 애틋하고 뜻깊어서 그 연을 이어 갈 욕심에 그림책, 하브루타 독서 모임, 그게 무엇이든 무조건 신청부터 했던 기억이 난다. 다행히도 난 어릴 적부터 책을 그리고 책 읽기를 적당히 좋아했다. 그리고 골라 주시는 그림책을 한 달 동안 아끼고 아껴서 꼼꼼히 반복해 읽어 보는 그 새로운 경험은(뭐라고 말해도 설명이 충분하지 않다.) 꼭 직접 해 보시길 권해 드리고 싶다.

그림책 하브루타 독서 모임을 갖기 전에는 주로 교육 흐름에 관한 책이나 입시에 관련된 서적 위주로 읽었다. 가끔 여행에 관한 책 정도로 머리를 식혔다. 학습서와 문제집을 많이 다루는 고등 입시 영어 강사라는 직업은 영어 지문을 분석하며 읽는 것이 습관이 되어 어느새 원서조차 분석하려 하는 습관이 튀어나오는, 편안한 독서는 어려운 현실이었다. 입시 상담도 겸해야 했기에 학생들 추천 도서 목록이 나오면 수십 명의 수강생들의 독서 기록이 겹치지 않도록 봐 주기 위해서 추천 도서들을 읽고 내용 정리를 했다. 미리 읽어 놔야 학생들의 독서 기록을 검토하기 편했다. 딱 업무를 위한 독서. 그 이상도 그 이하도 아니었다. 혹은 영어 지문의 배경 지식을 위해 관련 도서나 논문을 찾아보고 읽어 보는 수준의 독서. 그러다가 관심 분야가 보이면 관련된 책은 읽고 싶어도 시험 기간이 훨씬 지난 주말로 그 차례가 밀렸다. 아이가 셋이지만 동화책은 읽어 준 적이 없다. 내

교재 연구와 업무가 바쁘니 아이에게 동화책과 빔프로젝터가 세트로 나온 상품으로 동화 읽기를 대신해 준 기억이 있다.

다행히도 첫째 아이는 퍼즐을 맞추듯 동화책과 빔으로 보여 주고 읽어 주는 것을 짜맞추어 한글을 터득했다. 그렇게 첫째가 둘째에게 책을 읽어 주는 구조가 생겨 난 동화책을 읽어 줄 일도 없었다.

요즘은 첫째, 둘째가 중고등학생이 되어 책을 읽어 줄 일은 없지만 독서 토론 덕분에 같은 책을 읽거나 같은 주제의 책을 읽고 서로 책에 대해 이야기를 나눌 수 있게 되었다. 다만 우린 논쟁은 하지 않는다. 그냥 각자 좋았던 구절 몇 줄, 이유, 추천하는 책. 그 정도 또는 대신 책을 빌려주거나 권하느라 대화를 많이 하게 된다. 어릴 때 읽어 주지 못한 마음의 빚도 갚고, 덕분에 대화가 없다는 청소년 시기에 독서를 통해 대화가 유난히 많은 우리 집 모습이다. 거기서 소외감을 느꼈는지 늦둥이 막내는 놀이 공간에 자기 도서관을 차렸다. 작은 책상을 끄집어다 놓고, 스탠드도 가져다 놓고, 책을 쭉 꽂아 놓은 모양이 작은 도서관이라 부를 만하다. 모르는 글자는 건너뛰고, 읽었던 책들을 반복해서 또 읽기도 하니 다독으로는 우리 집에서 1등이다.

혼자서 읽어도 충분히 읽을 수 있던 책 읽기에 독서 모임이란 말이 참 낯설던 나였다. 단지 연을 이어 갈 욕심에 시작했던 독서 모임에서 생각하지 못했던 많은 것들을 얻게 되었다. 책 읽기를 어려워하는 사람들이 많다는 것도 알게 되었고, 그들을 내가 도와줄 수 있다는 것도 알게 되었다. 책 읽기도 훈련을 통해 익히게 할 수 있으며, 글쓰기가 비로소 독서의 완성이라는 것도 알게 되었다. 읽고 싶던 책들을 읽으며 스트레스를 풀곤 했는데, 글쓰기를 통해 치유와 힐링을 경험하기도 했다.

정기적인 이 독서 모임은 내게 매우 중요하다. 내가 책을 읽는, 혹은 읽을 수밖에 없는 이유이기도 하다. 최근 육아 휴직을 하면서 2년 가까이 쉬었다. 그동안 일을 놓고 지내면서도 책은 놓지 않았다. 필요한 공부를 더 하고, 책은 더 많이 읽을 수 있었다. 난 책 읽기가 어렵다는 사람들에게 강제로라도 책을 읽는 이유를 만들기를 추천한다. 100세 시대와 평생 학습의 시대가 왔다. 평생 학습을 위해서는 건강한 뇌가 필요하고 건강한 신체가 필요하다. 특히 건강한 뇌를 위해서는 책 읽기를 꼭 추천한다. 다 함께 읽는 독서 모임은 혼자 읽는 것과는 다른 매력이 있다.

05

인생 최고의 스승! 매일 만나러 갑니다
(홍미영)

　고등학교 1학년 때 담임 선생님 추천으로 독서를 많이 한 학생에게 주는 다독서상을 처음 받았다. 학교 도서관에서 우연히 빌려 읽은 한 권의 책이 계기가 되어 독서에 흥미를 갖게 되었다. 다독서상이라는 것을 받은 것만으로 어깨가 으쓱해졌고, 마음이 뿌듯했다. 이후 도서관으로 가는 발걸음에 자신감이 붙은 것은 물론이고, 자존감 또한 높아졌다.

　전국적으로 도서 대여점이 크게 유행하던 때가 있었다. 당시 우리 동네에 있던 도서 대여점은 규모는 작았지만 각종 잡지류, 만화, 소설책 등 다양한 책들이 많았다. 학교에서 볼 수 없었던 책들은 도서 대여점을 이용해서 읽었다. 그때 처음으로 연애 소설을 읽었는데, 경험해 보지 못했던 연애의 감정들은 너무 흥미로웠다. 혹시 누가 볼까 몰래 읽으면서 책 속에서 만났던 두근 두근 가슴 뛰던 사춘기 감정의 여운들은 지금 생각해도 가슴이 설렌다.

　책을 읽으면 가슴속에서 올라오는 감정들이 꽃처럼 피어나는 것 같았다. 그 특별한 느낌은 자연스럽게 무언가를 쓰고 싶다는 생각이 들게 했다. 떠오르는 생각들을 노트에 낙서하듯 적어 보았다. 뭔가 어설픈 글 솜씨였지만 금방 한 장이 채워졌다. 종이 한 장을 채우고 나면 가슴속까지 시원해지던 그 뿌듯함, 책을 읽고 떠오르는 감정들을 느껴 보는 일, 마음 가는 대로 글을 쓰고 난 후에 찾아오는 만족감. 그 특별한 느낌들이 좋아서 자연스럽게 독서에 더 흥미를 갖게 된 것 같다.

　내가 책을 읽는 이유는 오늘을 현명하게 살 수 있고, 내일을 더 행복하게 살 수 있는 지혜를 배울 수 있기 때문이다. 인생을 잘 사는 방법을 배우는 일은 살아있는 동안은 멈추지 않고 해야 할 일이다. 저축을 하면 통장에 돈이 쌓이듯, 독서를 하면 머릿속에 사고를 확장시키고 현명한 판단을 할 수 있는 지혜가 쌓인다. 이런 지혜와 슬기로움이 없이 판단하고 결정하는 일은 실패로 이어지는 경우가 많다. 세상에 넘쳐나는 크고 작은 사건·사고도 대부분 어리석음과 무지에서 비롯된다.

 독서는 올바르게 행동하는 몸가짐과 세상을 가치 있게 볼 수 있는 눈과 마음을 가질 수 있게 해 준다. 어떤 상황에 처해도 담담하게 대처하며, 문제를 잘 해결할 수 있는 지혜를 발휘할 수 있게 해 준다. 문제 해결과 판단을 잘하는 사람들을 보면 대부분 지혜롭고 확장된 사고를 갖고 있다. 인생 최대의 소중한 가치가 바로 독서에 있다는 것을 전적으로 보여 주는 사례이다.
 인생을 살다 보면 해야 할 일, 꼭 해 보고 싶은 간절한 일들이 얼마나 많은가? 원하는 것을 이루기 위해 그 많은 것을 직접적으로 배우기에는 우리에게 주어진 시간은 한정되어 있다. 그러나 독서는 간접적인 경험을 통해 짧은 시간에, 자신의 성장과 발전에 영향을 줄 수 있는 요소들을 만나고 배울 수 있다. 어렵게 느껴지는 수학 문제를 쉬운 산수 문제로 느껴지게 만들어 주는 것이 바로 독서다. 독서는 도전한 일이 잘되지 않았다고 해서 절대 실패나 좌절을 결과로 주지 않는다. 오히려 도전 정신과 희망, 그 위에 다시 시작할 수 있는 용기를 덤으로 얹어 주면서 힘을 실어 준다.

수동적으로 성취감 없이 살아가는 사람은 다른 세상으로 진입할 수 있는 기회를 잡을 수 없다. 또 다른 세상을 볼 수 있는 밝은 눈과 마음을 가질 수가 없다. 눈앞에 성공할 수 있는 기회가 주어진다고 해도 내 것으로 만들 수가 없다. 독서를 통해 자신의 내면에 '성장의 나무'를 키우며 살아가는 사람들의 삶 속에는 늘 변화와 성장이 기다리고 있다. 독서와 동행하는 삶은 무한 발전 가능성을 등에 업고 가는 것과 같기 때문에 밝은 미래가 보장된다.

인간은 혼자서는 살아갈 수 없는 사회적 동물이다. 직접적으로 맺는 사회적 인간관계, 독서를 통해서 맺는 간접적인 관계를 통해 다양한 경험을 한다. 삶 속에서 직접 만난 사람들보다 독서를 통해서 만난 사람들의 경험이 더 결정적인 영향을 준 사례도 많다. 훌륭한 사람, 가슴 따뜻한 사람, 멋진 사람, 상처받은 사람 등 책 속에서 만난 사람들의 이야기는 독자들에게 다양한 의미와 가치로 존재한다.

독서를 통해 만난 수많은 존재와 가치를 두고 사람들은 가슴 속에 집을 짓는다. 세상과 자신의 삶을 엮게 하는 지혜와 희망과 열정이라는 재료로 단단하고 멋지게 지어진 집, 바로 독서라는 양식을 통해 지어진 집이다. 마음속에 그런 집 한 채 짓고, 부자로 사는 삶 속엔 늘 여유와 편안함이 존재한다. 또 집 주위 배경에는 늘 끝없이 펼쳐진 푸른 바다와 높은 하늘이 함께한다. 즉, 독서를 통해 부자의 대열에 선 사람들은 세상을 높고 넓게 다양한 시각으로 바라볼 줄 알게 된다는 것이다. 가장 높고 넓은 곳에서 바라보는 세상의 모습, 상상만으로도 행복해진다.

한 권의 책은 풍요로운 삶을 살 수 있는 방법과 더 좋은 내일을 살 수 있는 가이드의 모체다. 독서와 함께하는 삶 속에 진정한 가치와 발전이 있다는 것을 자연스럽게 알게 해 준다. 지적, 사회적, 감정적으로 긍정적인 영향을 주고, 행복과 지혜를 아는 삶의 주인공이 되는 길을 제시해 준다. 그러니 시간을 쪼개 독서를 한다는 것은 얼마나 인생을 멋지게 가꿀 수 있는 매력적인 일인가?

독서를 한 후 달라진 점이 있다면, 아이의 키가 매일 조금씩 자라듯 내 인생의 성장의 키도 매일 자라고 있다는 것이다. 인생의 0순위 자리를 당당하고 당연하게 차지하고 있었던 돈과 명예를 바라보고 대하는 자세에도 많은 변화가 생겼다. 물질적 자산은 불시에 사라질 수도 있는 불완전한 존재지만, 독서를 통해서 배운 가치와 깨달음으로 불린 자산은 완전한 존재라는 것을 알게 되었다. 물질적 자산이 불시에 사라진다고 해도 크게 낙담하거나 좌절할 필요가 없다. 사는 데 꼭 필요하지만 처음부터 불완전한 존재로 우리 곁에 머물러 있던 거니까. 완전한 존재의 의미를 알고 살아가는 삶 속엔 자신의 존재 가치와 물질을 잘 지켜 낼 수 있는 능력이 부여된다. 설령 불시에 사라졌다고 해도 다시 제자리로 복구할 수 있는 지혜 또한 넘쳐난다.

지금까지 살아오면서 가졌던 수많은 만남 중 가장 소중하고 아름다운 만남은 '독서'라는 두 글자다. 독서는 지금까지 내가 받은 선물 중 가장 고귀하고 소중한 선물이며, 사는 동안 귀하게 잘 모셔야 할 인생 최고의 스승이다. 왜냐하면 독서는 사색의 힘과 그것을 삶과 연결시킬 수 있는 지혜를 가르쳐 주었으니까. 모든 일에 현명하고 당당하게 대처할 수 있는 지혜와 실패와 상처를 두려워하지 않고 다시 일어설 수 있는 용기를 가르쳐 주었으니까. 이 한 세상 '잘 살 수 있어!'라는 두둑한 배짱을 가질 수 있게 해 주었으니까. 내가 매일 인생 최고의 영원한 스승을 만나러 가는 이유이다.

06

추억으로 남을 만한
경험을 하게 해 준 독서
(문미영)

영어영문학 전공 공부를 할 때, 나는 고전 위주로 책을 읽었다. 셰익스피어를 포함하여 영국과 미국의 소설과 시 위주로 읽다 보니 독서라는 것은 지루하면서 지겨운 행위라는 것을 알게 되었다. 고전 문학들을 읽다 보니 책에 질려서 대학교를 졸업하고 자연스럽게 책을 멀리하게 되었다.

그러다가 다시 독서에 재미를 붙이게 된 계기는 우연이었다.

대학교를 졸업하고 TESOL도 수료하여 포항에서 영어 강사 일을 하였다.

영어 강사를 하면서 진상 학부모들과 학생들에게 치이고, 강사를 지켜 주지 않고 학원의 이익만 생각하는 원장의 갑질에 지쳐 나는 회의감이 왔다.

'이대로 계속 학원 강사 일을 해야 하나? 그나마 영어 전공자

이고 할 줄 아는 게 영어를 가르치는 것밖에 없는데, 어떡하지?'

영어 강사 일에만 내 청춘을 바칠 수는 없었다.

'나도 나름 열심히 가르치고 수업 준비도 열심히 해 가는데 왜 나의 노력을 몰라주는 걸까. 본인의 자식들이 공부를 열심히 안 하는 건 생각 안 하고 왜 강사 탓을 하는 거지?'

결국에 영어 강사 일을 3년을 하다가 그만두게 되었다.

미련 없이 그만두고 나니 무슨 일로 밥 먹고 살아야 할지 고민이 되기 시작했다.

중소기업에서도 일해 보고, 공기업의 파견 직원으로도 근무를 하게 되었다.

파견 직원으로 일하면서 남편을 만나 결혼을 하고, 대전으로 이사를 왔다.

난임 스트레스를 계속 받으니 차라리 일을 계속하고 싶었다.

취업 준비를 하면서 이력서를 내고 시험을 치고 면접을 보러 다녔다.

다행히 계약직이지만 취업에 성공하였다.

하지만 직장을 다니면서 더욱더 책을 읽을 시간도 마음의 여유도 없었다.

아니, 시간이 없다는 것은 핑계였다.

바쁜 직장인들 중에도 자기 계발과 독서를 열심히 하는 사람도 있으니.

회사에서는 상사들에게 치이고, 일도 안 해 본 일들이라 어렵고, 체력도 안 좋다 보니 힘들었다.

스트레스를 받고 남편에게 화풀이를 하고, 짜증을 내는 일도 늘어만 갔다.

어느 날, 오래 알고 지낸 지인이 대전으로 발령 났다고 한번 보자는 연락을 하였다. 시간을 잡고 만나 점심을 먹고 카페에 가서 이야기를 나누었다.

"미영 님, 혹시 독서 모임 해 볼 생각 있어요? 인스타로 독서 습관 기르기(인독기) 온라인 독서 모임인데, 참여 비용 없고 책을 좋아하는 사람들끼리 모여서 책 읽은 걸 인증하면 돼요. 저는 1기이고 2기를 모집할 계획인데, 리더님 연결해 줄 테니까 신청해 보아요."라는 말을 하셨다.

"독서 모임이요? 끌리네요. 리더님 소개해 주세요."

사람들로부터 상처받고 스트레스가 많았던 나에게 '독서 모임'은 전환점이 되었다. 2기로 활동을 시작하여 현재까지 2년 반

넘게 코치로도 활동 중이다.

독서 모임을 하면서 책을 열심히 읽기 시작했다.

책을 읽고 후기를 SNS에 기록하기 시작하면서 서평단에도 도전을 해 보게 되었다.

서평단을 하면서 더 다양한 분야의 신간들을 읽기 시작했다.

서평단을 하니 작가님이나 출판사로부터 책을 읽고 후기를 적어 달라는 제안도 받았다.

책을 읽으면서 나의 사고력은 확장되었다.

다른 사람을 이해할 수 있는 여유가 생겼고, 나보다 더 힘든 사람들이 많다는 것을 알고 겸손해지게 되었다.

또, 책을 읽으면서 작가님을 많이 알게 되고, 그 작가님을 통해 KBS 지역 라디오 방송에 책을 낭독하며 소개해 주는 경험도 하였다. (KBS 진주 〈'정보 주는 라디오'- 한 줄의 독서〉 출연)

라디오 출연을 하고 나니 '독서교육신문'에 인터뷰가 실리기도 하였다.

책을 읽으면서 다양한 사람들을 만나게 되고, 만나는 사람이 달라지기도 한다.

책을 읽기 전에는 다른 사람의 험담을 하고, 나를 다른 사람과 비교하며 자존감을 낮추기 바빴는데, 이제는 책을 읽고 작가들을 만나러 다니기에도 시간이 부족하다.

책을 읽고 다양한 경험을 해 보며 이제는 '책을 내는 작가'라는 새로운 꿈이 생기게 되었다.

작가라는 꿈을 이루기 위해 나는 책을 읽으면서 계속 글을 쓰고 있다.

책을 읽다 보니 표현력이나 어휘력이 달라지고 다른 사람들의 생각을 알 수 있어서 글을 쓰는 데 많은 도움을 받고 있다.

만약에 내가 책을 읽지 않았더라면 이런 좋은 기회를 얻을 수 있었을까?

독서가 나에게 가져다준 기회라고 생각하면 항상 감사하다.

책 읽기 참 잘했다.

07

사랑하는 아들, 엄마가 미안해!
(장혜숙)

삶이 힘겨울 때 책이 없었다면 어디서 기쁨과 위로를 찾았을까? 언제부터인지 모르게 책 읽기는 나에게 생활의 일부가 되었다.

결혼 전, 아버지가 은행에 세금을 납부하고 오라고 심부름을 시키면 은행에 비치되어 있던 잡지를 정신없이 읽느라 귀가 시간이 늦어져서 야단을 들었다.

결혼 후, 아들이 감기에 걸려서 소아과에 갔을 때도 진료 대기 번호를 뽑고는 비치된 책을 몰입해서 읽느라 아들과 나는 간호사가 진료 순번이 돼서 이름을 불러도 듣지 못했다.

밤이면 아들이 잠들기 전 동화책을 읽어 주었는데, 아들은 실감 나는 구연동화를 들으며 울고 웃기도 했다. 그렇게 아들은 책과 함께 잠이 들었다. 우리는 활자 중독증에 걸린 것처럼 책만 보면 읽고 또 읽었다.

시간이 지나 아들이 초등학교에 입학했다. 학교에서는 독서를 장려하기 위해 매달 독서왕을 뽑아서 학교 홈페이지에 올려놓았는데, 아들 이름이 올라와 있어서 뿌듯했다. 그렇게 아들과 나는 책과 함께 꿈꾸듯 행복한 나날을 보냈다.

어느 날 퇴근해서 문을 열고 현관에 들어섰는데, 초등학교 1학년인 아들이 겁에 질려서 엉엉 울고 있었다. 나는 영문을 몰라서 왜 우느냐고 다그쳐 물었다. 아들은 책가방에서 무언가를 주섬주섬 꺼냈다. 그것을 보는 순간 기가 막히고 어이가 없어서 숨을 몰아쉬었다. 『그리스 로마 신화』라는 한 권의 책이 세로로 쫙쫙 찢어져서 다섯 등분이 되어 있었다. 어떻게 된 영문인지 물었더니 "수업 시간인데 재미있어서 책을 계속 읽었어요. 선생님이 화가 나셔서 책을 이렇게 엉망으로 만들어 놓았어요. 이 책은 친구한테 빌린 건데 어떻게 해요?"라고 하면서 주먹만 한 눈물을 뚝뚝 흘렸다. 마음이 심란해서 밤새 뒤척뒤척 잠을 설쳤다.

다음 날, 학교로 담임 선생님을 찾아갔다.

"선생님! 수업 시간에 책을 읽은 것은 잘못입니다. 그런데 초등학교 1학년인데 교육적으로 지도 방법이 잘못된 거 아닌가요?"라고 말씀을 드렸다. 선생님은 두말없이 "죄송합니다. 생각이 짧았습니다."라고 하면서 머리를 조아렸다. 자식을 맡긴 입장이니 화가 치밀었지만 꾹꾹 참으면서 "교육은 학교에서만 이루어지는 것이 아니니 지도하시다가 어려운 점이 있으면 전화로 말씀해 주세요."라고 얘기를 드렸다. 집으로 돌아오는 길에 여러 가지 생각으로 마음이 착잡했다. 다음 날, 아들의 일기장에 빨간 펜으로 담임 선생님이 사과의 글을 적어 보냈다.

한편, 아들에게 "아무리 책이 재미있어도 때와 장소를 가려서 읽어야 한다"라고 일침을 놓았다. 재미있는 책을 읽다가 중단하기란 쉽지 않아서 이렇게 부작용을 초래하기도 한다.
나는 아들에게 학교에 선생님을 찾아갔던 일과 선생님을 비난하는 말을 하지 않았다. 왜냐하면 선생님을 믿어야 수업도 열심히 참여하고 바르게 학교생활을 할 수 있기 때문이다. 그 일로 충격을 받았는지, 그 후로 아들은 책 읽기에 흥미를 보이지 않아 안타깝고 속이 상했다. 이 글을 쓰는 지금도 그때를 생각하니 가슴이 먹먹하고 눈시울이 붉어진다.

초등학교 때 그렇게 책을 좋아했던 아들은 중고등학생이 되면서 대학 입시 준비로 학교 수업을 마친 후 학원에서 12시까지 뺑뺑 돌았다. 편의점에서 컵라면과 음료수로 끼니를 때우며, 영어 단어장을 손에 들고 어두워지는 저녁 무렵 학원 차에 올라 다람쥐 쳇바퀴 돌 듯 6년의 세월을 보냈다. 어느 날은 하루 종일 의자에 앉아서 공부하느라 허리가 아프다고 울먹이면서 하소연하기도 했다.

가끔, 판타지 소설이나 일본 만화책인 『원피스』, 『초밥 왕』 등을 시리즈로 사서 읽거나 게임을 했다. 그리고 텔레비전에서 〈런닝맨〉이라는 예능 프로를 보면서 마냥 행복해했다. 양질의 책을 읽지 않고 흥미 위주의 책과 게임을 하는 아들이 못마땅하고 한심하게 느껴져서 심하게 갈등을 겪기도 했다. 가끔 좋은 책을 선정해서 권해 보았지만, 학교와 학원 숙제를 하기도 바쁜 아들에게는 소 귀에 경 읽기였다.

지금 생각해 보니 입시로 지쳐 있는 아들은 나름대로 살기 위해서 숨구멍을 찾았을 터. 힘든 상황을 뻔히 알면서도 지나치게 달달 볶았던 지난날이 후회스럽다. 늦었지만 글로나마 미안한 마음을 전한다.

 이제 성인이 되어 어엿한 직장인이 된 아들에게 업무 파악하느라 바쁘겠지만 그래도 틈틈이 책을 읽어야 한다고 강조한다. 가끔, 책을 읽고 요약해서 들려주는 '스터디언'이나 '책 그림' 등과 같은 유튜브 채널을 카톡으로 보내 주면서 막간을 이용해서 구독해 보기를 권한다. 글을 읽다가 감동적인 문장이 있으면 한 자 한 자 정성껏 적어서 보내 주기도 한다.

 내가 아들에게 책 읽기를 끊임없이 권하는 이유는, 첫 번째, 미래를 알 수 없는 험난한 세상살이에서 책 읽기를 통해 다양한 간접 경험을 하면 공감 능력과 배려심이 생겨서 대인관계가 원활해지고, 소통을 잘할 수 있기 때문이다. 두 번째, 현실의 어려움을 넘어 위안과 기쁨을 얻을 수 있고, 사고력을 높여 준다. 세 번째, 지금까지 살아왔던 삶의 방식을 반추해 보고 어떻게 살아야 할지 깊이 생각하게 한다. 마지막으로, 우울감이 몰려올 때나 몸이 아플 때도 책과 함께하는 시간은 오랜 친구를 만난 것처럼 편안함과 행복감을 주기 때문이다.

 책을 읽는 것은 저자와 만나는 시간이다. 오늘은 누구와 만나서 대화를 나눌 것인지 가끔 도서관이나 책방에 가서 책을 고를 때면 가슴이 콩닥거린다. 책을 읽지 않는다면 애플 창업자 스티브 잡스, 미국의 제44대 대통령 오바마, 조선 후기의 실학자 정약용, 대한 제국의 독립운동가 안중근 의사같이 훌륭한 인물들을 만날 수 있겠는가! 책을 읽으면서 그들의 생각과 진취적인 도전 의식을 배울 수 있다. 위대한 인물들과의 만남을 통해서 우리의 생각을 뛰어넘는 그들의 지혜를 배워 보자.

올해 초 교직 생활을 마감하고 드디어 은퇴했다. 이제 누구와 경쟁할 것도 없이 스스로 계획하여 인생 2막을 새롭게 살아가야 한다. 읽고 싶었던 책을 마음껏 읽고 끊임없이 지식을 탐구하면서 더 나은 삶을 가꾸어 갈 것이다. 이렇게 책을 꾸준히 읽거나 외국어 공부를 하면 뇌가 활성화되어 노화도 늦출 수 있다고 한다. 책 읽기를 통해 여러분도 더 멋진 삶과 미래를 꿈꾸며 희망차고 행복하게 살아가기를 소망한다.

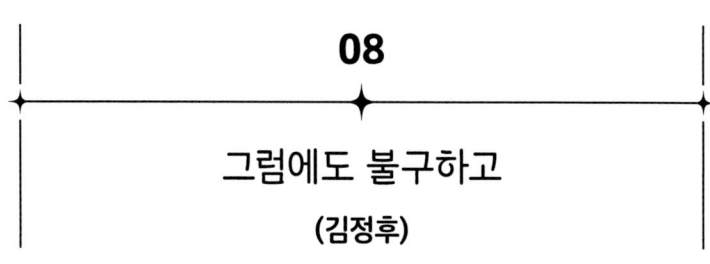

08

그럼에도 불구하고
(김정후)

아키하바라역에서 하차했다. 무작정 아무 출구나 찾아 밖을 나섰다. '이제 어디로 가지?' 타국에서 생활한 지도 10년이 넘었지만 내가 아는 곳이라곤 오직 우에노역뿐이라는 사실을 깨달았다. 주위를 두리번거리다가 6차선 도로 위에 설치된 푸른색 이정표가 눈에 들어왔다. 두 개의 하얀 횡선과 그 사이를 가로지르는 단 한 줄의 수직선이 우에노역을 가리켰다. 방향을 알았으니 걸어야 했다. 거리는 얼마든지 상관없었다. 하루를 살아가는 유일한 방법이었기 때문이다.

일본에서 미국 글로벌 IT 기업에 취업해 관리자로 승진하며 승승장구하던 시절이다. 돈과 힘을 양손에 쥐었다는 기쁨도 잠시, 나는 낭떠러지로 돌진하는 마차와 같았다. 위태로웠다. 그곳이 마지막으로 찾은 안식처 같았다는 누군가의 말이 떠올랐다. 나 또한 과거의 그처럼 극단적인 생각을 하고 있었다. 인생의 고점에서 최악의 날을 보내는 사람처럼 아이러니했지만, 삶은 고통 그 자체였다. 인간관계로 인한 극심한 고통과 불안, 초조함이 심리적 공황 상태와 결합해 나를 삶의 막다른 골목에 내몰고 있었다. 그때 책은 나의 작은 실마리였고, 상처받은 마음에 치유제였다.

책에서 묘사한 세계는 내 사고와 정반대였다. 평소 쓸모없다고 여겼던 말과 행동만 강조했기 때문이다. 하지만 이를 실천에 옮겼다. 생존을 위한 몸부림이었다고나 할까? "완벽한데. 훌륭해요!", "감사합니다. 정말 큰 도움이 됐어요." 책이 가이드한 대로 기우제를 지낸다는 심정으로 말이다. 매번 상대의 무반응과 차가움은 내게 한기만을 느끼게 했다. 1년이라는 시간이 흘렀지만, 아무런 변화도 느끼지 못했다. 하지만 어느 순간부터 꽁꽁 얼었던 사람의 마음이 서서히 녹기 시작하는 징후를 발견했다. 사람은 절대 변할 리 없다는 나의 의심이 서서히 사그라들고, 희망의 새싹이 싹트기 시작했다.

데일 카네기의 책 『How to stop worrying and start living』을 읽으면서 'stop worrying and start living'이라는 문구가 마음에 와닿았다. 한동안 내 마음 한구석에 깊이 자리 잡았다. 얼마나 많은 것을 걱정하고 불안을 안고 살았나 싶다. 인생이라는 바다에서 방향키를 잡지 못해 망망대해를 헤매던 시간이다. 하지만 독서를 통해 다양한 멘토를 만났고, 그들과 마음속에서 대화할 수 있었다. 서서히 조바심은 사라지고 방향을 잡기 시작했다. 삶을 반영했던 책 속의 일화들 덕분에 주변의 다양한 문제가 나 자신의 내면에서 시작된다는 깨달음을 얻었다.

2023년 10월, 6인실 병실에서 아버지의 숨결이 약해져 갔다. 옆 침대에는 20대 후반으로 보이는 여성이 환자를 돌보고 있었는데, 그녀는 어머니를 대신해 몸이 아픈 아버지의 곁을 한 달이 넘게 지키고 있다고 했다. 그녀는 매일 아비의 신음을 들으며 고된 병간호를 했다. 매일 좁은 간이침대에서 새벽에 잠을 청해야 하는 모습이 측은했다. 내 딸과 비슷한 또래의 나이로 보여서 그랬는지, 부모 같은 입장에서도 뭔가를 해 주고 싶었다. '뜻깊은 선물이 없을까?'라고 생각하다가 책이 떠올랐다. 책을 사서 그녀에게 선물했다.

"저희 부모님에게도 신경 써 주신다고 들어서 고마워서 선물하고 싶었어요. 제가 책을 좋아해서요."

"어머, 저도 책 좋아해요. 고맙습니다."

미소를 머금고 책을 좋아한다는 그녀의 말에 안도의 한숨을 쉬었다. 문득 '그럼에도 불구하고'라는 문구가 내 머릿속을 스쳤다. 철학자 프리드리히 니체가 좋아했다던 문구다. 책을 통해 시간을 초월하여 현재 우리에게 전하고 싶었던 메시지였을 것임 틀림없다. 『즐거운 학문』이란 책에서 광인을 등장시켜 '신은 죽었다!'라고 외치게 했던 니체. 지금 삶이 고통스럽더라도 신과 같은 외부 존재에 의존하지 말고 우리가 초인처럼 당당하게 삶에 맞서기를 니체는 바랐을 것이다. 잠시나마 몸과 마음이 힐링되듯 가슴 한편이 따뜻해졌다.

독서와 멀게만 느껴졌던 내가 요즘에는 200페이지가 넘는 책을 하루나 이틀 만에 완독하는 경우가 종종 있다. 이전에는 상상조차 하지 못했던 일이라 신기할 따름이다. 분명 독서를 통해 내면적인 변화가 생긴 게 분명하다. 아키하바라를 걷던 내 방황의 시계가 멈췄고, 누군가와 상처를 공감하기 위해 책을 선물하는 자신을 발견했기 때문이다. 세상은 변함없다. 언제나 어제와 같은 모습을 한다. 하지만 독서를 통해 내게 현재라는 시공간은 변했다. 우리 행동이 책을 통해 이전과 다르게 변화할 수 있음을 시사한다.

양 손바닥으로 귀를 막으면 소리 없는 세상이 나타난다. 이는 어떤 이에게는 두려움과 고요함의 순간, 다른 이에게는 호기심과 기대감을 자아내는 순간일 수 있다. 독서는 내게 후자와 같다. 모르는 세계에 발을 들여놓는 호기심과 미지의 세계에 대한 기대감을 불러일으키기 때문이다. 과거와 현재를 아우르는 내가 알지 못하는 수없이 많은 일화가 바다처럼 펼쳐져 있다. 넓은 바다로 나가고 싶다. 더 멀고 깊은 바다를 향해서 말이다. 만일 내가 올라탔던 과거 그 무역풍을 누군가도 만날 수 있다면, 내 삶의 더 큰 보람은 없을 듯싶다.

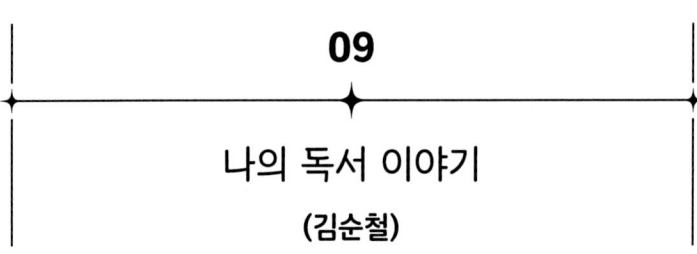

09
나의 독서 이야기
(김순철)

독서를 한다는 것은 어쩌면 어려서부터 내성적인 성격, 어쩌면 강요당한 내향인으로 세상을 알고 또는 내 삶이 이렇게 바뀌었으면 하는 생각을 책을 읽으며 했었던 것이었을지도 모르겠다는 생각이 문득 떠오른다.

유년기부터 엄격하신 아버님께서 허락하신 소비 중 제일 큰 것이 책을 구입하는 것이었다.

어린 시절에는 책을 구입하는 경로가 한정적이었다.

큰 서점 그리고 그 시절 계몽사와 같은 출판사의 방문 판매.

'딩동, 딩동' 초인종 소리와 함께 "계몽사예요."라고 말하는 소리가 참 좋았다.

내가 원하는 것 책을 내 주장대로 고를 수 있는 얼마 되지 않는 순간 중 하나. 어릴 적 한 번쯤 책을 읽고 '혹시 내가 바꾼 것은 아닐까?' 아니면 '누군가 나를 찾아오지 않을까? 하는 책의 주인공과 같은 드라마틱한 상황 변화 등을 꿈꿔 보았다.

청소년기, 중학교 시절에는 부모님의 불협화음으로 인해 집이 조용할 날이 없었다.

그리고 그 시절, 부모님은 서로 각자의 길을 향해 나아가기로 결정하시고 이혼을 하셨다.

진학보다는 빨리 돈을 벌어 독립하고 싶은 마음이 컸다.

그래서 고등학교를 인문계가 아닌 상업계 고등학교로 진학하고 졸업을 할 당시 뛸 듯이 기쁘고, 나도 이제 조금만 지나면 독립할 수 있다 생각을 했다.

청소년기가 지나고 취업을 나가서도 결혼하기 전까지 책으로 깊이는 없었지만, 꼭 필요한 상식들을 채워 넣었다.

그리고 결혼과 동시에 집안일에 회사일 맞벌이가 시작되고, 책을 손에서 놓게 되었다.

상상력도, 글을 써 보리라는 생각도 퇴보하게 되었다.

10년 정도 흘러 딸아이가 7살이 될 무렵, 집 가까운 곳에 이

마트가 생기며 문화센터와 교보문고가 함께 들어왔다.

초등학교를 입학할 시기도 다가오고 있어 동요 부르기와 창의 미술 수업을 쉬는 날에 맞춰 데리고 가서는 나는 바로 교보문고로 향했다.

아이가 2시간 내내 수업을 받는 동안 책을 보면서 다시금 내가 하고 싶은 것을 하여야 하겠다는 꿈을 꾸어 보았다.

몇 달의 고민의 시간이 흐르고, 다니던 매장에 사직원을 내었다.

다른 무엇인가를 찾고 싶었다.

사직원을 받으시고는 얼마든지 시간을 조절해 줄 터이니 그냥 쉬는 것보다는 알바를 하면 어떻겠냐고 하셔서 무턱대고 쉬기보다 그 편이 좋을 것 같아 알바를 하면서 서점에서 이것저것 알아보고, 내가 무엇을 하고 싶은 것인지 알아 가기로 하였다.

그리고 심리학 서적이 있는 공간에서 미술 심리를 접하고 관심을 가지게 되었다.

그 뒤로도 책은 나에게 내가 알고 싶은 지식과 아직 습득하지 못한 경험을 간접적으로 알아 가게 해 준다.

심리학에 관한 책들을 섭렵해 나가기 시작했다.

상담의 기초를 알아 가는 데에 큰 도움을 받으며 미술 심리를 공부하고, 다시금 사회복지사가 되기 위해 밤낮없이 일했다. 그리고 십여 년이 지난 지금, 나는 내가 나이를 먹고 할 수 있는 곳에서 열심히 상담가로 일하고 있다. 계속해서 끊임없이 나를 업그레이드시키기 위해 노력하고 있다.

서론이 너무 길었다. 나의 독서 이야기는 바로 이것이다.

가정의 불화로 공부를 포기하는 청소년, 공부를 늦은 나이에 시작하려는 사람들이나 늦은 나이라고 무엇을 이루지 못할 것이 없으며, 원한다면 작가도 상담사도, 무엇이라도 노력하면 이룰 수 있음을 이야기하고 싶어서다. 그 원동력이 바로 독서이기 때문이다.

독서를 통하여 내가 바라는 것을 향하여 앞으로 나아갈 수 있으며, 조금은 암울한 시기도 상상력과 꿈에 관한 생각으로 이겨 나아갈 수 있기 때문이다.

내가 힘이 들 때, 우울할 때, 문제가 무엇인지 원인을 찾고 싶을 때도 독서는 나에게 그것들을 알아차릴 힘을 준다.

독서를 하는 이유는 이런 것들이 아닐까?

때로는 내가 하지 못한 것들을 이루어 내는 사람들 허구의 인물이라도 그 내용이 현실에 닿아 있다면 나도 될 수 있지 않을까 생각하는 것, 그리고 노력해 보는 것. 그것이 내가 독서를 하는 이유이다.

뭐라도 하자. 지금 당장 무엇을 시작하기가 어렵다 느껴질 때 독서를 시작해 보자.

막연하다 생각하지 말자. 막연하게 지금 머리가 아프고 내 주위에 사람들이 싫다고 가정한다면 뭐 어떤가. 무협지를 읽어 보자. 내가 하지 못하는 것들을 무협지의 주인공은 나를 대신하여 주위를 평정해 준다.

그래서 나는 장르를 가리지 않고 독서를 한다.

봄, 가을이 오면 에세이와 시집을, 마음이 복잡할 때는 무협지도 읽어 준다.

우선 읽어 보자. 마음의 안정을 찾고 즐거움을 찾을 수 있다.

10

유창한 유튜버가 되기 위해
(조은애)

온라인에서 공부한 지 3년이 되었다. '전라도 조마담'이라는 이름을 내걸고 브랜딩을 하고 있다. 정확히 2021년 3월에 온라인으로 배우면서 지식의 한계를 느끼기 시작했다. 블로그를 쓰는데, 한 줄도 쓰기가 어려웠다. "에고, 겨우 한 줄이 뭐가 그리 어렵겠어?" 하겠지만 정말 그랬다.

나의 브랜드를 만드는 데 3년이나 걸렸다. 나의 브랜드는 '조조캠퍼스'다. 조조는 아침부터 빠르게 예뻐지는 그런 의미도 있고, 아침에 빨리 일어난 새가 모이도 많이 먹는다는 의미가 있다. 캠퍼스는 내 학교다. 내 학교 '조조캠퍼스'에서 나의 일들을 이루고 싶다.

나의 SNS 이름은 '전라도 조마담'으로 정했다. 전라도에서 서울로 상경한 지 얼마 되지 않았으므로 전라도 사투리는 고쳐지지 않고 있다. 그래서 어설픈 표준어로 하기보다는 차라리 촌스러운 아줌마 같은 어투로 말하기로 마음먹었다. 나의 이름을 내걸고 유튜브나 SNS에서 글을 쓸 때마다 책임감이 느껴진다. 단순 월급쟁이가 아니고, 부업도 아니고, 아르바이트도 아니다.

내가 직장을 다닌 것은 간호사 생활을 할 때, 딱 5년뿐이다. 그 후로는 쭉 자영업만 해 왔다. 나는 누구에게 명령받고 구속당하는 게 싫다. 내 맘대로 하길 좋아한다. 물론 시간이 지나가기만 하면 연봉은 올라가겠지만 주부로서, 아기 엄마로서 해야 할 일들이 있었다. 나에게는 자영업이 맞는 것 같다.

자영업은 끊임없이 연구해야 한다. 공부도 열심히 했다. 특히 글쓰기는 나의 일을 알리는 데 떼려야 뗄 수 없는 일이다. 나의 지식, 경험, 감정을 글로 표현하는 일은 소중한 작업이다. 글쓰기는 더 많은 독서를 필요로 한다. 책을 많이 사게 되었다. 책을 보면 마음이 부자가 된 기분이다. 책을 읽고 쓰면서 달라진 점이 있다면, 실행력이 생긴 것이다.

나의 일은 출장을 다니면서 건강한 아름다움을 가꾸어 주는 것이다. 한번 하고 나면 다시 방문해서 추후 관리를 해 주어야 한다. 나는 이제 자리를 잡고 한곳에서 일을 하고 싶다. 그야말로 앉아서 하는 1인 기업으로 성장하고 싶은 것이다. 그동안에 독서를 하면서 낭독도 해 보았다. 낭독을 하면 좋은 점은 나의 목소리를 들으면서 더 좋은 목소리로 다듬어 갈 수 있다는 것이다.

'조조캠퍼스'에서 단돈 10만 원이라도 벌어 보는 게 나의 목표이다. 이제까지 인풋만 했다면, 아웃풋을 하는 게 목표이다. '전라도 조마담'이라는 브랜드를 붙여서 상품이나 서비스를 판매하는 것이 과연 이루어질까? 최근에는 셔플댄스로 나의 브랜드를 알리고자 하고 있다. 확실히 움직이면서 댄스를 올리니까 고객들의 반응을 조금이나마 느낄 수 있다. 나는 동안 연구소를 운영하고 있지만 얼굴만 동안이 아니라 몸매 또한 동안 몸매가 되고 싶은 것이다. 건강한 몸매가 가장 멋진 명품이 될 거라고 생각한다.

셔플댄스를 구독만 한 지가 1년이 넘었다. 해 보고 싶어도 용기가 나지 않았다. 내가 춤을 춘다는 것은 마음만 먹었지 맨날 지나가는 꿈에 불과했다. 겨울이 되고 추워지니까 운동을 안 하게 되고, 옆구리 살은 더 늘어만 갔다. 나는 나의 몸이 병들지 않고 건강하게 살면서 두 발로 세계를 여행 다니는 유튜버가 되고 싶다. 셔플댄스 챌린지 16일 차, 나의 유튜브 구독자 수는 538명이다. 지금까지는 구독자 수에 민감하지도 않았고, 쳐다보지도 않았다. 무엇으로 브랜드를 키워 나갈지 감이 오지 않았다. 그러나 이제는 글을 매일 쓰면서 나에게도 꿈이 생겼다. 2024년 3월에는 구독자 수 1,000명을 만들고 매달 곱하기로 불려 나가기를 다짐한다. 그러기 위해서는 글을 쓰고 유튜브, 페이스북, 인스타그램, 블로그, 쇼핑몰에 올리면서 본격적으로 수익화를 실현해 가길 원한다.

돈 액수를 떠나서 돈을 번다는 것은 여러 가지 의미가 있다. 우선 가지고 갈 만한 콘텐츠를 잡았다는 사실이다. 어설프지만 서툰 댄스 셔플댄스로 코믹하게 가는 것이다. 나의 일은 비즈니스가 되어 차별화된 서비스를 제공한다. 고객과의 소통을 생각하면서 남이 하는 것들도 벤치마킹해 본다. 하루 1시간씩 댄스 연습을 한다. 하루 두 시간씩 한다면 더 빨리 성장할 수 있다.

내가 이루어 가는 과정을 글로 써 본다. 실행을 했지만 저장해 두지 않으면 날아가 버린다. 그날 일들을 글로 남겨서 책으로 완성을 해 본다. 글을 쓰면서 행복하다. 이 세상에 공짜는 없다. 노력한 만큼 결과는 나올 거라고 생각한다. 나의 인생 후반에 무에서 유를 창조해 간다. 단돈 1만 원이라도 벌어 보고 싶다.

나는 글루동안연구소를 운영하면서 취미로 셔플댄스를 한다. 유튜브를 보면서 자투리 시간을 활용한다. 나의 셔플댄스는 날마다 점점 좋아지고 있다. 어떤 어려움이 닥쳐도 꾸준히 해 볼 생각이다. 이런 일련의 일들을 글로 쓰는 것을 두려워하지 않는다. 외적으로 풍요롭지는 않지만, 내적으로 성장하는 나를 만든다.

11
어떻게 시작해도 독서는 진리다
(황상열)

며칠 전 뉴스를 보니 인스타그램 등 SNS에서 책을 읽고 인증하는 것이 열풍이다. 책을 읽고 있는 사람이 늘어난다는 것은 긍정적인 현상이다. 독서 인구가 늘어나는 이유를 더 자세히 살펴보니 '있어빌러티' 효과라고 한다. '있어빌러티'가 무엇인지 알아보니 다음과 같이 나온다.

'그럴듯하게 꾸며진 사진을 통해 SNS를 통해 자신을 과시하는 행위'.

인터넷의 발달과 자신을 과시하고 싶은 욕망으로 나온 결과가 바로 SNS다. 20년 전 싸이월드를 이용하여 자신의 일상과 좋아하는 음악을 다른 사람들과 공유했다. 나도 거기에 여행,

일상 사진 등이 잘 나오게 찍어 많은 사람에게 자랑했다. 물론 나보다 더 멋지게 꾸미는 사람도 많았다.

시대가 바뀌면서 페이스북, 인스타그램에 여행, 음식, 연애 등 자신의 일상을 멋지고 아름답게 사진으로 찍어서 타인에게 자신을 과시했다. 적당히 하면 괜찮은데, 그 도가 지나칠 정도다. 타인과의 비교가 심해진 이유다. 친구나 지인이 집을 사거나 좋은 차를 사면 따라 하거나 그 이상의 물건을 사서 다시 자랑한다. 서로 누가 잘났는지 경쟁한다.

거꾸로 현실은 시궁창인데, 있어 보이게 사진을 찍어서 올린다. 온라인 세상에서라도 '있어빌리티' 해야 살아남는 세상이다. 이제 너무 똑같은 일상이나 여행, 음식 사진 등이 중복되니 타인과 차별하여 올린 대상이 바로 책이다. 진짜 책을 읽고 싶은 게 아니라, 타인과의 SNS 전쟁에서 이기기 위해 선택한 도구다.

그래도 뭐, 어쨌든 이런 의도라도 책을 가까이하는 일은 좋은 현상이다. 아무것도 읽지 않는 것보다 낫다. 인스타그램에 사진이라도 찍어서 올리려면 아무 페이지나 펼치지 않는다. 자신이 읽어 보고 인상 깊은 구절을 찾으면 그것을 찍는다. 그 구절을 한 번이라도 읽게 된다. 읽으면 자신에게 어떤 느낌인지 한 번쯤 생각하게 된다. 독서의 작용이 시작되는 것이다.

이렇게 책과 친해지게 되면 조금씩 독서에 재미를 붙일 수 있다. 독서력이 하나씩 생기는 것이다. 책과 친해질 때까지 나는 자신이 좋아하는 한 장르의 책만 봐도 좋다고 이야기한다. 어떻게든 한 권의 책을 다 읽었다는 작은 성취가 쌓이면 독서도 하나의 습관으로 만들 수 있다. 습관으로 만든 후, 다양한 책을 읽으면 된다. 책을 읽으면 무엇이 좋은지 요새 관점에서 다시 한 번 생각해 보자.

첫째, 독서를 통해 지식을 습득할 수 있다. 다양한 주제와 아이디어가 있는 풍부한 정보의 집합체가 책이다. 장르를 불문하고 독서를 하게 되면 세상에 대한 이해도가 넓어진다. 새로운 관점이 생긴다. 자신이 관심 있는 분야의 지식을 배우고 확장할 수 있다.

둘째, 뇌를 자극하여 인지 능력이 향상된다. 지속적으로 책을 읽으면 뇌가 활성화되어 기억력, 집중력, 비판적 사고 등 인지 기능이 좋아진다. 나이가 들수록 책을 읽어야 인지 능력이 떨어지지 않는다.

셋째, 스트레스를 줄이고 문제를 해결해 줄 수 있다. 바쁜 일상에서 지치고 문제가 생겼을 때 해답을 찾고 스트레스를 줄여 주는 가장 좋은 도구가 책이다. 좋은 책은 긴장을 풀어 주고 심신을 달래 준다. 도저히 풀 수 없던 문제도 책을 읽다가 답을 찾을 수 있다.

넷째, 타인을 이해하고 공감하는 능력을 길러 준다. 나만 혼자 힘들게 사는 것이 아니라는 사실을 알게 된다. 다양한 저자의 책을 통해 같은 문제를 가진 사람의 마음을 이해할 수 있게 된다. 감성을 길러 주는 데 많은 도움이 된다.

요새 내가 느끼는 독서의 좋은 점이다. 나도 같이 책을 읽고 인상 깊은 구절을 찍어 인스타그램에 올리고 있다. '있어빌러티'에 동참하는 중이다. 지금까지 힘든 인생을 독서를 통해 이겨 내고 있다. 지금 힘든 당신, 책을 만나자! 극적인 인생의 변화를 가져올 수 있는 가장 강력하면서도 간단한 무기가 바로 책이다. 어떻게 시작하든 상관없다. 독서는 진리다.

2장

책을 잘 읽는 법,
그딴 건 없지만

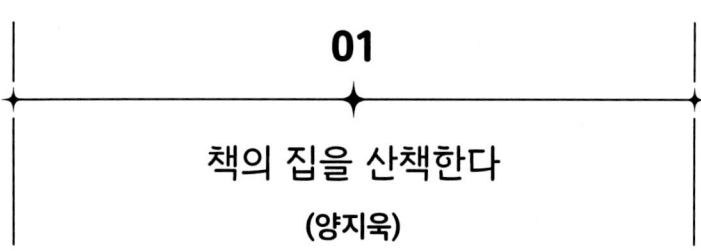

01

책의 집을 산책한다
(양지욱)

책은 집이다. 작가의 따뜻한 손길로 다듬은 마음 정원이다. 그곳에 들어가 산책한다. 구경하는 재미가 쏠쏠하다. 페이지 공간을 한 장씩 넘긴다. 겉표지에서 출발한다. 제목, 들어가는 글, 목차, 행간, 마치는 글, 마지막 페이지에 머물러 거주한다. 기분에 따라 할 일이나 쓸 내용이 무엇이냐에 따라 공간을 수시로 바꾸면서 들락날락한다. 가볍게, 아니면 오랜 시간 머무른다.

자유롭게 거닐기

새벽에 일어났다. 오늘은 어떤 책을 읽을까? 『나의 듦에 대하여』가 눈에 띈다. 두 손으로 꺼냈다. 윽! 무겁다. 843페이지다.

손에 드는 일조차 어렵다. 다시 꽂는다. 『책에 빠져 죽지 않기』가 보인다. 제목에 끌린다. 꺼냈다. 이 책은 이현우 작가가 2012년부터 2018년까지 책을 읽고 여기저기 서평을 쓴 것을 모아 책의 바다, 인문의 바다, 역사의 바다, 정치의 바다, 사회의 바다, 문화의 바다, 과학의 바다로 다시 분류하여 재구성하였다. 만약에 내가 책을 읽고 서평을 쓴 후 내용을 나눈다면 어떻게 나눌 수 있을까? 여행 이야기, 취향 이야기, 음악 이야기, 시 이야기, 그림 이야기로 분류해야지. '그렇다면 벌써 한 권의 책을 쓸 수 있겠다!'고 잠깐 생각한다. 책을 다시 꽂았다.

책의 제목만을 읽는 날도 있다. 어느 날, 같은 학교에서 근무하시는, 시인인 선생님을 도서관에서 만났다. 어떻게 오셨냐고 물어보니 "시집 제목이 떠오르지 않아 도서관에서 책 제목을 들여다보고 있어."라고 말씀하셨다. 책 제목은 사람의 얼굴만큼 중요하다. 책을 출판할 때 가장 신경을 많이 쓰는 부분이라 나도 어떤 날은 학교 도서관, 교보문고에 가서, 아니면 집에서 책 제목만 들여다보는 날이 있다. 왜 제목을 그렇게 붙였을까? 상상한다. 나의 첫 번째 책 『나는 백 살에 가장 눈부시고 싶다』를 받으면 가끔 독자들이 제목이 좋다고 한다. 백 살이 될 때까지 끊임없이 노력하겠다는 의지를 담았다. 혹자는 매일 눈부시면 좋겠다고 하는데, 그것은 욕심이다. 날마다 눈부시려면 얼마나 힘들겠는가?

목차를 읽다가 마음에 드는 소제목이 보이면 그 부분만 찾아 들어가서 읽기도 한다. 읽으면서 책 속 여백에 떠오르는 생각을 바로 끄적인다. 연관되는 책이 있으면 검색해서 찾아본다.

무소유의 삶이 그리우면 법정 스님의 책을 꺼낸다. 읽으면서 물질에 흐트러진 마음을 다잡는다. 사랑에 목마른 날은 강신주의 『한 공기의 사랑, 아낌의 인문학』을 읽으며 미운 사람을 떠올렸다가 지운다.

원고를 쓸 때마다 주제와 관련된 여러 권의 책을 꺼내어 수시로 읽는다. 처음부터 끝까지 전부 읽기보다는 필요한 내용 위주로 읽는다. 마음에 드는 페이지나 인용하고 싶은 문장이 있는 페이지는 접거나 필사한다. 읽으면서 마음껏 낙서한다. 마음에 드는 구절을 찾아서 바로 밑줄을 긋고, 질문을 만들어 그 질문에 대한 답을 생각하여 쓴다. 쓸 여백이 부족하면 책상 위에 항상 준비된 포스트잇에 써서 붙인다.

생각하며 거닐기

평상시에는 자유롭게 읽기를 좋아한다. 하지만 첫 출판 이후 두 번째 책을 쓰기로 결심한 이후에는 글쓰기를 잘하기 위하여 '어떻게 하면 책을 좀 더 잘 읽을 수 있을까?'를 고민하기 시작하였다.

30년 넘게 전업 작가로 살아온 김종원 작가는 "일상의 루틴은 매우 중요하다. 그것은 곧 그 사람의 현재와 미래를 보여 주는 미리 보기와도 같다. 가장 소중하여 지키고 싶은 것이 있다면 루틴으로 만들어 섬세하게 관리하자. 루틴은 인간이 자신을 얼마나 사랑하고 있는지를 표현하는 가장 합리적인 방법이다. 헛된 욕망이 나를 지배하지 않게, 자극적인 유혹에 넘어가지 않게 나를 지켜 줄 루틴으로 원하는 삶을 자신 있게 창조하자."라고 말하며 '깊은 사색'과 '치열한 독서', '규칙적인 글쓰기'를 루틴으로 만들어 일상에서 실천하고 있었다. '맞아. 글쓰기를 잘하기 위해서는 '깊은 사색'과 '치열한 독서', '규칙적인 글쓰기'가 필수야.' 그래서 나에게 물어보았다. 글쓰기를 잘하기 위하여 어떻게 책을 읽으면 좋을까?

먼저, 깊은 사색을 위하여 새벽에 일어나 『매일 인문학 공부』와 『글은 어떻게 삶이 되는가』를 처음부터 끝까지 공들여 읽었다. 읽다가 떠오르는 생각이나 느낌을 그 페이지에 바로 기록한다. 여백이 부족하면 포스트잇에 써서 붙이기도 한다. 하지만 머리에 거의 남지 않았다. 다시 읽었다. 읽으면서 생각을 할 수 있는 문장을 다시 찾는다. 찾은 문장을 일단 블로그에 필사한다. 블로그 제목은 그 문장을 그대로 쓰기도 하고, 아니면 살짝 바꾼다. 그리고 그 제목에 맞게 이야기를 풀어 나간다. 블로그에 쓴 글을 저장하고 출근 준비를 한다. 7시 30분에 학교에 도착하여 8시 50분 업무 시작 전까지 고쳐 쓰고 포스팅한다.

두 번째, 치열하게 독서는 못 하지만 가방과 책상 위에 읽을 책을 항상 준비하고 있다. 약속이 생기면 먼저 그 자리에 먼저 나가 기다리면서 책 읽기, 외출할 때 가방에 가벼운 시집 한 권 가지고 다니다가 틈이 나면 읽기, 여행 갈 때 책을 챙겨서 새벽에 일어나 읽기, 학교에서 시간 나면 잠깐 책 읽기 등 루틴으로 만들기 위하여 노력한다.

마지막으로 새벽에 일어나 규칙적으로 일기 쓰기, 『5년 후 나에게』 다이어리에 2년째 글쓰기를 하고 있다. 그리고 한 달에 한 번 정도 전자책 쓰기 공저에 참여해서 반드시 한 꼭지의 원고를 쓴다. 올해는 근무 시간에 매일 한 시간씩 시간을 내어 생활기록부 쓰기를 실천하려 한다.

내가 현재 어떤 삶을 살고 있는지, 미래에 어떤 삶을 살게 될지 확인하는 방법은 어렵지 않다. 내가 매일 하는 일이 무엇인지 살펴보면 그것이 바로 내 삶의 루틴이며 미리 보기이기 때문이다.

내가 원하는 삶을 살고, 그 삶의 마지막 묘지에 쓸 문장으로 **시와 음악을 넘나들며 자유로운 영혼을 노래한 삶**을 완성하기 위하여 나는 오늘도 루틴과 함께한다. 그리고 실행에 미처 옮기지 못한 일은 내일부터 어떻게 하면 이룰 수 있을지 잠깐이나마 고민하며 책을 읽는다.

내가 먹은 음식은 내 몸의 살과 뼈가 되고, 읽은 지식과 간접 경험, 작가의 가르침, 깨달음은 영혼이 되어 현재의 나를 만든다. 진심으로 정성을 다하여 책을 선택하고 읽자. 그것이 세상에 존재하는 유일한 나를 날마다 성장시킬 수 있으니.

02

나의 반백 년 독서 인생사
(김지윤)

언젠가 아이들이 책을 잘 읽지 않아 고민하던 중 보게 된 글에 자녀들이 책을 읽으려면 집 안에 책보다 더 재미있는 것들이 없어야 한다는 내용이 있었다. 아이들의 눈과 귀를 사로잡는 스마트 기기, 각종 영상 매체들이 넘쳐나는 환경에서 굳이 아이들이 재미를 위해 책을 찾겠느냐는 의견이었다.

내 어린 시절을 돌이켜보면 납득이 가는 설명이다. 학교를 마치고 오면 당시 동네엔 학원도 없어 잠들 때까지 마땅히 하고 놀 수 있는 게 친구들과의 짧은 숨바꼭질 외엔 집에 있는 전집 중 책을 꺼내 읽는 것이었다. '소년소녀세계문학전집'이라고 기억되는 50여 권의 세계 동화들은 읽고 또 읽어 외울 지경이었다. - 그 당시의 출판사가 최근 그대로 복간하여 어린 시절을 추억하

는 어른들의 폭발적인 반응을 얻기도 했다-

그 전집 속 동화의 제목들을 떠올려 보면 「소공녀」, 「소공자」, 「장발장」, 「비밀의 화원」 등 지금은 고전이라 불릴 만한 책들이다. 그 중 「인형의 집」이라는 제목으로 기억되는 단편 동화가 아직 생생히 기억난다. 주인공이 외출하면 인형들이 사람처럼 움직이고 말하며 생활하다가 사람이 다시 돌아오면 아무 일도 없었던 것처럼 원래의 자리로 돌아간다는 이야기였다. -픽사의 영화 〈토이 스토리〉가 생각나는 내용이다- 난 정말 책 속의 인형들처럼 우리 집의 내 장난감들도 내가 없을 때 자기들끼리 장난치며 노는지 너무 궁금해서 몰래몰래 나의 방문 밖에서 귀를 대고 소리를 듣거나 방문을 살짝 열어 감시하곤 했다. 장시간의 외출 후에는 원래의 인형 위치에서 혹시 변화가 있는지 면밀히 관찰하면서 말이다. 라디오 속의 성우들이 진짜 라디오 속에 살고 있는 거라 생각하고 라디오 드라마가 끝날 시간에 맞추어 식사를 준비했다는 어느 할머니의 이야기처럼 내게 책 속의 세상은 현실처럼 생생하고 흥미로웠다.

중학생이 되고부터는 부모님이 사 주신 한국 근현대 단·장편

소설집을 열심히 읽었다. 당시 책은 세로쓰기로 편집되어 오른쪽부터 왼쪽으로 읽어 나가는 형식이었다. 지금은 흔한 도서관이나 서점이 없었기에 집에 있는 책과 학교 교과서, 참고서만이 내게 유일한 읽을거리였다.

대학생이 되고 본 대학 도서관은 그야말로 나에게 충격적이었고, 도서관의 책들을 매일 빌려 보는 게 큰 낙이 되었다. 당시 도서관 대출 방식은 책 맨 뒷장 봉투에 꽂혀 있는 대출 카드에 내 학번과 이름을 적어서 담당 직원에게 확인을 받는 방식이었다. -일본 영화 <러브레터>의 남자 주인공이 짝사랑하는 여학생의 옆모습을 그 대출 카드 뒷면에 그려 놓았고, 후에 성년이 된 여자 주인공이 그 그림을 보고서야 그의 마음을 알게 된 장면처럼 말이다-

수업을 마치고 여느 날처럼 집으로 돌아가는 지하철에서 읽을 고르던 나는 내 학번과 이름을 이야기하는 학생들의 말소리를 들었다.
"○○○, 이 사람 이름 대출 카드에 엄청 많이 적혀 있네. 내가 보는 책마다 이름이 보여. 신기하네."

주로 보는 책들이 전공 책과 과제를 위한 도서들보다는 소설책(통속 소설이라 불리던)과 수필 종류의 책들이었기에 자부심보다는 약간의 부끄러움이 들어 그 자리를 도망치듯 빠져나왔지만, '내가 책을 많이 빌리긴 했구나' 스스로 깨닫는 순간이기도 했다.

대학 졸업 후 바로 고향인 부산에서 경기도로 홀로 나와 직장 생활을 하게 되며 난 자기 계발서, 심리학 관련 책들을 많이 읽게 되었다. 그 습관이 50대가 넘어서도 이어져 소설보다는 자기 계발서 관련 책들을 읽는 편이다. 소설을 읽어 보려 노력하는데, 아무래도 자기 계발서에 손이 더 가게 된다.

스스로 문자중독증이라 생각될 정도로 잡지, 브로셔, 벼룩시장(예전 전봇대에 꽂혀 있던 지역 신문의 한 종류) 등 닥치는 대로 읽던 나처럼 책을 즐기는 사람도 있겠지만, 화려한 놀거리, 볼거리가 많은 시대에 굳이 책에서 재미와 감동을 찾을 필요를 못 느끼는 분들에게는 관심사와 취향이 비슷한 분들과의 독서 모임을 권유한다. 요즘엔 상담사들이 주관하는 심리학 도서 관련 독서 모임, 맘 카페에서의 육아 관련 독서 모임, 그림책 읽기 독서 모임, 영어 원서 읽기 독서 모임, 미라클 모닝 독서 모임 등 조금만 관심을 가지면 온라인, 오프라인을 통해 본인의 상황에 맞는 독서 모임을 찾을 수 있다.

 몇 년 전, 난 일하던 직장에서 번아웃이 왔고, 사람에 대한 회의감과 원망으로 가득 차 기어이 휴직계를 내고 말았다. 그렇게 도망치듯 휴직을 하고, 나의 몸은 길게 자꾸 누우려고만 했다. 그때의 나는 주위 사람들에 대한 배신감으로 치를 떨었고, 나를 둘러싼 오해와 모함으로 밖에 나가기조차 두려운 상황이었다. 지인들은 누군가 너를 이렇게 이야기하더라며 전달해 주었고, 나는 구정물을 뒤집어쓴 듯한 모욕감에 몸부림쳤다.

 아직 어린 둘째를 어린이집에 보내고, 방 안의 커튼으로 햇빛을 차단하고, 이불을 얼굴까지 끌어올린 채 아이가 돌아올 시간까지 계속 침대에 누워 자다 깨다를 반복하였다. 안면 마비의 후유증으로 병 휴직을 하고 있던 나의 친구는 이런 나를 두고 보다 도저히 안 되겠다며 아침마다 집 앞으로 차를 끌고 와 나를 각종 문화 강좌와 독서 모임에 데리고 다녔다.

 별 의욕 없이 끌려 나왔다 생각했던 독서 모임에서 나는 일본 작가의 책 『미움받을 용기』를 만났다. 단순한 독서 모임이 아니라 시립도서관에서 초청된 강사님과 함께 2개월가량 읽어 나가는 과정이었고, 난 독서 모임의 총무 겸 기록 담당으로 참여하게 되었다. 수업은 강사님의 주도하에 책의 인상 깊은 부분을 발췌하여 필사하고, 그 아래에 자신의 생각과 느낌을 주욱 적어 함께 나누거나, 중간중간 책과 관련된 주제의 과제를 해결하는 방식으로 진행되었다.

얼마 전, 책장에서 그때의 독서 노트를 발견하고 다시 펼쳐 보았을 때, 당시의 상처와 나의 눈물이 생각나 마음 한편이 아려 왔다. 물론 지금 그때의 일과 그렇게 나를 모욕했던 사람들을 완전히 잊었거나 용서한 건 아니지만, 적어도 내 인생에 그 경험들이 그저 스쳐 지나가는 일이었다고 생각될 정도의 여유는 갖게 되었다. 그렇게 호되게 당하지 않았더라면 나는 여전히 누군가의 비위를 맞추기 위해 나를 속이거나, 아니면 나를 자학하며 계속 나를 그렇게 만든 사람들을 원망하며 억울해했을 것이다.

그때의 독서 모임이 당시 엎드려 넘어져 있던 나를 일으켜 세워 주고 나의 눈물을 다정하게 닦아 준 것처럼, 책을 좋아하는 사람들과의 새로운 독서 모임이 기다려진다. 영화 <건지 감자

껍질파이 북클럽〉, 〈제인 오스틴 북 클럽〉 같은 끈끈한 연대 속 치유와 성장의 독서 모임을 현실 속에서도 만나 보리라 기대해 본다.

03

읽는 책에 따라 다르게 읽기
(최경희)

읽는 책의 목적과 장르에 따라 다르게 읽게 된다. 나는 억지로라도 다양한 책 읽기를 하려고 노력한다. 음식도 편식하지 않는 것처럼 다양한 분야를 읽다 보면 내가 몰랐던 세계를 조금 더 이해하게 되고, 다른 분야에도 관심을 가지게 되어 건강한 뇌 활동을 유지하게 된다. 우선 사회과학 분야는 목차를 읽고 궁금한 부분을 먼저 보기도 한다. 소설은 스토리가 이어지기 때문에 한꺼번에 시간을 내어 읽어 내려가면 소설의 맛을 제대로 느낄 수가 있다. 자기 계발서는 시간이 나는 대로 틈틈이 마음 잡고 읽으면 작심 하루를 달성할 수 있다.

물론 빨리 완독을 하는 것만 목표가 되면 곤란하다. 책을 읽었다면 나에게 어떠한 방법으로든 도움이 되어야 한다고 생각하기 때문이다. 읽다가 이해가 안 되는 부분이 있다면 소리 내서 읽어 보면 도움이 된다. 나의 경우, 나의 뇌를 자극하지 않고 생각 없이 넘어가 버린 페이지에서 멈추어 다시 읽어도 들어오지 않을 때 소리 내어 읽으니 도움이 되었다. 모든 책을 그렇게 읽기엔 시간이라는 걸림돌이 있다. 자신에게 꼭 중요한 부분이 아니라고 생각된다면 과감히 넘어가는 것도 방법일 수 있다. 독서 초보일 때는 완독하지 못한 책들에 미련이 조금 남았었는데, 지금은 생각이 바뀌었다. 읽어야 할 책이 많고, 읽고 싶은 책도 많기 때문이다.

좋은 책을 만나 또 읽고 싶은 책이 있을 것이다. 또는 두 번, 세 번 보게 되는 책도 있을 것이다. 영화도 두 번 보게 되는 것처럼 말이다. 삼독을 해야 제대로 읽는 거라고 하는데, 첫 번째는 책의 내용을 읽고, 두 번째는 작가를 읽는 것이다. 마지막 세 번째는 자신을 읽는 것이다.

내가 독서 초보일 때 만난 삼독의 책은 이지성 작가의 『여자라면 힐러리처럼』이다. 그때 나의 상황에서 내용이 와닿았고 다 읽어 갈 때쯤 작가가 궁금해졌고, '내가 어떻게 살아야겠다'라는 마음을 갖게 해 주었다.

같은 책을 세 번 읽기란 매우 어려운 일인 것 같다. 그래서 나는 밑줄을 긋고 인덱스탭으로 중요한 부분이나 다시 읽고 싶은 부분을 표시해 둔다. 혼자 보고 싶은 부분은 가로로 붙이고, 함께 나누고 싶은 부분은 세로로 표시한다. 그리고 정말 좋은 페이지다 싶으면 모서리를 접어 표시해 둔다. 언제든 책을 들어 펼쳐 읽으며 고개를 끄덕일 수 있다.

미술이나 건축, 음악 등 잘 몰랐던 책을 만날 때는 조금의 여유가 필요하다. 전에 만났던 윤광준의 『심미안 수업』, 탈 벤 샤하르의 『걱정을 잘라드립니다』, 미셸 정미 자우너의 『H마트에서 울다』를 읽을 때가 그랬다. 그 작품을 보고 배경을 알아보고 자세히 들여다봐야 공감할 수 있기 때문에 읽다가 멈추고 음악을 듣거나 그림이나 사진을 찾아보는 시간이 필요하다. 조금은 느긋하게 조용한 곳에서 읽어 보기를 권한다.

안 읽어지는 벽돌 책(500페이지 이상)은 100일 프로젝트로 읽은 적이 있다. 기록하고 공유하며, 함께 읽기의 힘을 경험했다. 같은 책이 아니어도 괜찮다. 카톡이나 당근마켓 앱으로 모집해서 함께하면 서로에게 도움이 될 수 있을 것이다.

요즘은 무엇이든 혼자 하는 것들이 많아진 세상이다. 하지만 독서는 꼭 함께하기를 권한다. 같은 책을 읽고, 토론하고, 나누게 되면 자신이 미처 몰랐던, 혹은 지나쳤던 보석들을 다시 발견하는 기쁨을 경험할 수 있게 된다. 나도 처음엔 지인과 함께하고, 두 명 더하고, 이어 나가다 함께 성장하고 싶은 사람들과 독서 클럽을 운영하게 되었다. 물론 이 활동으로 다른 독서 클럽을 운영하게 되었고, 도서관 글쓰기 수업까지 진행하게 되었다.

무엇보다 중요한 건 매일 읽는 습관을 가지는 것이다. 어디든 책을 두자. 시간이 나면 새 책 소개도 읽어 보고, 사람들이 많이 읽은 책도 살펴보고, 편집장이 소개하는 글도 읽어 보자. 도서관, 서점을 자주 가는 장소로 해 두는 것도 좋겠다. 아침저녁으로 독서 강제 루틴으로 만들어 실행하면서 기쁨의 순간을 자주 만나시길 바란다.

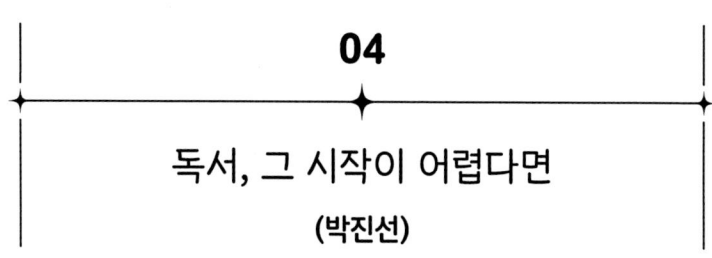

04

독서, 그 시작이 어렵다면
(박진선)

아침 독서 봉사

　첫째와 둘째 아이는 각각 다른 지역에서 초등 저학년을 다녔다. 경기도와 경상남도. 그러나 두 학교 모두 일주일에 한 번 책 읽어 주는 시간이 있었다. 학부모 봉사자를 필요로 하는 일이었고, 나는 당연히 오전 시간은 자유로운 상태였기에 봉사 활동을 지원했다. 의외로 간단한 일이라고 생각한 활동에 봉사자가 부족해서 매주 참여해야 했다. 책을 고르는 일은 사서 선생님이나 아이들 책에 관심이 많은 어머님들이 계셔서 어렵지 않았다. 아이들 집중시키는 것이 관건이었으나, 책을 중심으로 간단한 활동을 만들어서 독후 활동을 기획하는 것은 내게 어렵지 않았다. 다행히도 당시 운영하던 학원에 근무하시는 국어 선생님께서 북아트 키트(kit)를 연구 제작 중이셔서 많이 도와주시기도 했다. 글쓰기가 아닌 독후 활동에 아이들은 참여도가 높았고, 글쓰기를 할 경우에도 모든 답을 허용해주니 참여도가 높아졌다. 물론 100%가 아닌 경우도 가끔은 있었지만, 꽤나 반응이 좋았다. 아이들도 그리고 봉사를 하는 나도 책과 한층 가까워지는 방법이라고 생각하고 추천한다.

그림책

'어른이 그림책? 그림책을 어떻게 읽어?' 그림을 읽어 내는 방법은 따로 없다. 어른들은 문자가 없기에 어쩔 줄 몰라 한다. 그림을 읽으면 된다. 아이가 있다면 아이가 선생님이 된다. 글이 없기에 아이가 그냥 보고 읽는다. 곧 나도 따라 읽을 수 있다. 아이가 이렇게도 저렇게도 될 수 있는 것을 알고 그냥 이야기를 만들어 낸다. 책 읽기의 즐거움 자체가 그냥 경험이고, 그 경험을 계속해 나가는 자체가 독서의 목적이 되는 것이다.

글이 조금은 들어 있는 그림 동화책도 있다. 그림 동화책 역시 그림과 동화를 같이 읽어낸다. 내용은 짧지만 주는 메시지는 결코 가볍지 않다. 나는 무려 어른들과 그림 동화책 독서토론을 2시간 이상씩 해왔다. 인상 깊은 그림. 인상 깊은 구절. 그 이유. 질문 만들기. 나만의 답 찾기. 해 볼 수 있는 활동들이 참 많다.

333 독서록

마음에 드는 문장 3개(독서 모임을 이끌어 주신 선생님께서는 Feel이 통하는 문장을 적는다고 우리들만의 'Feel사'로 칭해주셨다.)와 그 문장이 마음에 든 이유 각 3개, 책을 읽고 나만의 질문 3개 만들기, 질문에 대한 나만의 답 3개 적기.

이렇게 최소 3개로 정해 두고 20분은 독서, 10분은 333 독서록 쓰기 활동을 하면 부담 없이 독서를 시작할 수 있다. 명확하게 뭘 써야 할지도 알기에 아이들 독서 집중력도 높아진다. 물론 어른들의 경우도 마찬가지이다.

북토크

　주제를 정해서 그 주제에 관한 책을 골라 소개하는 시간을 가지는 것도 좋다.
　처음 소개하는 시간에는 어떻게 소개를 해야 할지를 몰라 부담스러워할 수 있어서 양식을 미리 준비해 참여하는 사람들에게 나눠 주면 좋다. 여러 가지 책을 소개받을 수 있어서 좋고, 내가 소개하고 싶은 책에 대해서 다시 한번 자세히 읽고 살펴볼 수 있는 기회가 되어서 좋다.

도서관 놀러 가기

　책 읽기를 싫어하거나 책에 거부감이 큰 사람들은 우선 책과 친해질 수 있도록 도서관이나 대형 서점에 자주 놀러 가서 잠깐이라도 머무는 시간을 가지며 흥미를 느낄 수 있는 부분을 마련하는 방법도 좋을 것 같다.
　나와 내 아이들 셋은 책을 좋아하고 읽는 시간을 즐기는 편인데, 신랑은 문자 읽기를 불편해한다. 그러던 신랑이 늦둥이 막

내가 자기만의 도서관을 만들고 싶어 해 서점에 동행한 어느 날, 본인이 읽을 책 두 권을 샀다. 완독하는 데 꽤나 긴 시간이 걸렸지만, 완독도 해냈다.

05

나를 가장 잘 비춰 주는 거울 '독서'
(홍미영)

'책은 명사가 아니고 동사다', '한 권의 책은 영혼을 여는 열쇠이다'. 우연히 책 속에서 만난 단 한 줄의 문장이 삶을 완전히 변화시켜 주기도 하고, 인생의 터닝 포인트가 되기도 한다. 인간의 삶은 끊임없는 교류 속에서 존재한다. 이 땅에 수많은 책이 존재하는 이유도, '독서'를 통해 경험해 보지 못한 세계와 세상을 만나 창의성을 발휘할 수 있기 때문이다.

나 스스로 단단해지고 올곧게 성장하는 일은 상당히 매력적이고 대단한 일이다. 쉬워 보일 수 있지만 '독서'라는 행위가 없이는 절대 불가능한 일이다. 실천하지 않고서는 그저 머릿속에 꿈으로만 남아 있을 뿐이다. 영원히 하지 못한 어려운 미완의 과제로 남은 채…. 우리의 삶에 '독서'가 존재한다면 수많은 생각과 깨달음을 다양하게 이끌어 내고, 창의성을 발휘할 수 있다.

그에 따른 '선한 영향력'은 물론, 인생을 잘 살 수 있는 지혜까지 자연스럽게 배울 수 있다.

지식은 '책을 읽는 행위'를 통해 부여받을 수 있는 거대한 부의 창고이다. 독서는 다른 사람의 경험을 나의 지식과 지혜로 만들 수 있다. 내가 접해 보지 못했던 새로운 것을 발견할 수 있다는 것은 무한한 성장의 가능성을 의미한다. 독서는 그것을 한 치의 거짓도 없이 명확하게 보여 준다. 그러므로 한 권의 책을 읽더라도 배움이 잘 스며들 수 있도록 읽어야 한다. 독서의 질이 배움과 깨달음의 가치를 더욱 높여 주기 때문에 좋은 독서법을 익히는 것은 독서를 하는 것만큼이나 중요한 일이다.

책을 잘 읽는 법, 그딴 건 없지만, 나름 내가 추구하는 독서법 몇 가지를 소개하고자 한다.

첫째, 책을 읽기 전에 먼저 책의 목차, 서론, 결론을 살펴보면서 구체적인 중요 내용을 파악하고, 책의 정보를 미리 습득한 후에 읽는다. 책에 대한 기본 지식은 책을 읽으면서 중간에 조금씩 알아 가는 것보다 작가의 핵심을 내 것으로 만드는 게 훨씬 많은 도움이 된다.

둘째, 책을 읽으면서 중요하다고 생각되는 부분은 밑줄을 긋거나 포스트잇을 붙이고 반드시 나의 생각을 적어 놓는다. 중요한 부분에서 작가의 의도를 이해할 수 있고, 작가와 나의 생각을 비교할 수 있다. 가치 기준 또는 생각에 대한 차이 속에서 작가가 의도하는 다른 부분을 배울 수 있다. 이미 많은 사람들이 실천하고 있는 방법이지만, 중요한 곳 표시, 포스트잇 붙이기, 나의 생각 적어 보기 등은 독서를 하는 데 도움을 주는, 필수적인 좋은 방법이라 한 번 더 강조해 본다.

넷째, 처음부터 너무 많은 분량을 읽지 않는다. 많이 읽는다고 해서 그 내용이 모두 머릿속에 저장되는 것은 아니니 적당한 정도의 분량만 읽는다. 한꺼번에 많은 양을 읽으면 부담감으로 인해 오히려 책에 대한 이해도와 집중력이 떨어질 수 있다. 이 방법은 한 번 읽고 지나가는 것과 마찬가지의 효과를 내며, 독서의 효과와 즐거움을 감소시킨다. 적은 양을 집중해서 여러 번 읽는 것이 오히려 책의 내용을 내 것으로 만들고, 책에 대한 이해도를 높이는 데 도움을 준다.

다섯째, 핵심이 되는 중요한 부분에서는 잠시 독서를 멈추고, 밑줄을 긋거나 자신과의 생각을 나누는 시간을 갖는다. 나와의 소통의 시간을 통해 책의 내용을 더 깊이 있게 받아들일 수 있다. 이해하기 어려운 내용은 그냥 넘어가지 말고 여러 번 반복해서 읽는다. 이런 방법은 그 부분에 대한 이해와 생각을 깊게 해 주며, 다양한 생각을 도출해 낼 수 있게 해 준다.

여섯째, 책에서 읽은 내용을 내 삶에 적용시켜 본다. 어떤 상황이 벌어졌을 때, 평소보다 좀 더 진지하게 한 번 더 생각한 후 대처하는 것이다. 독서를 통해 사색하고 마음의 여유를 갖는 일은 꼭 필요한 일이다. 아주 짧은 시간이지만 기대 이상의 좋은 결과를 가져올 수도 있다. 서두른다고 이미 벌어진 일이 절대 쉽고 빠르게 해결되는 건 아니니까. 마음처럼 쉽게 되지 않으면 실제로 뒷걸음을 걸어 본다. 하나, 둘, 셋. 뒤로 걷는 방법을 꼭 해 보라고 강조하고 싶다. 단지 두 걸음만 뒤로 걸었을 뿐인데, 신기할 만큼 마음이 가라앉고 생각이 정리되는 것을 경험할 수 있다.

한 권의 책은 진리와 지혜가 넘쳐나는 거대한 바다이다. 독서를 통해 배운 지식들과 지혜를 삶 속에 적용하면 또 다른 자신의 모습을 발견할 수 있다. 슬기롭고 지혜롭게 문제를 해결하는 진지한 '나'를 만날 수 있다. 이런 마인드를 자연스럽게 모든 삶에 적용시켜 보는 것이다. 실제로 많은 변화 속에서 성장하고 있는 '나'을 만나는 경험을 할 수 있을 것이다. 현명하게 대처하는 마인드에서 좋은 마음, 좋은 행동, 좋은 결과, 좋은 삶이 만들어지는 것이다. 더 나은 내가 되기 위해서는 독서를 한 후 반드시 나를 들여다보는 과정이 꼭 필요하다. 나를 구석구석 가장 잘 들여다보고 잘 알 수 있는 존재는 나 자신이다. 독서는 나를 가장 잘 들여다볼 수 있는 최고의 방법이자 나를 가장 잘 인간적으로 솔직하게 비춰 주는 거울이다. 곁에 두고 매일 보고 또 볼수록 반짝반짝 빛을 내고 광을 낸다. 늘 새로운 나를 생성시켜 주고, 성장시켜 주는 인생 최고의 성공의 도구이다.

06

기분에 따라,
컨디션에 따라 병렬 독서 합니다
(문미영)

 서평단이나 서포터즈를 하면 여러 분야의 책을 협찬받게 된다. 자기 계발서와 에세이 위주를 선호하던 나에게 소설이나 인문학과 같은 책을 읽을 기회를 제공해 준 것도 바로 '서평단'이었다.

 서평단은 출판사나 작가님이 신간을 출간하면 홍보를 해 주고 후기를 써 주는 독자들이다. 신간이 나오면 책을 홍보하는 것도 비용이 많이 드니 후기를 잘 써 줄 만한 독자를 선정해 책을 보내 준다. 간혹, 출판사나 작가님이 디엠으로 직접 후기를 부탁하는 경우도 있다.

 책 욕심이 많다 보니 모든 신간들을 구입할 여유가 없어 서평단 활용을 하고 있다.

 특히 에세이나 제목과 표지가 마음에 드는 책은 무조건 신청을 하고 보는데, 읽어야 할 책이 쌓여서 숙제처럼 느껴지는 경우가 있다.

내 의지대로 책을 읽으면 재미있고 시간 가는 줄 모르고 빠져드는데, 서평을 써야 한다는 부담감과 의무로 인해 가끔 집중이 흩어지거나 읽기 싫은 날이 있다.

나 같은 경우에도 '서평단 책 때문에 직접 돈 주고 구매한 책은 못 읽고 쌓여만 간다'는 생각이 들 정도로 서평단의 굴레에서 벗어나지 못했다.

게다가 다 읽은 책은 팔지도 못해서 결국엔 나눔을 하거나 버리게 된다.

책이 많이 쌓이니 짐이 되고 공간만 차지해서 결국엔 책장을 새로 사거나 재독을 안 할 것 같은 책들은 눈물을 머금고 정리한다.

왜 읽지도 못할 책에 욕심을 내는 건지 이해할 수 없을 때가 한두 번이 아니다.

그런 경우에는 기분이나 장소에 따라 책을 여러 권 병렬 독서로 읽는다. 기분이 좋은 날에는 자기 계발 책을 읽고, 기분이 안 좋거나 컨디션이 좋지 않은 날에는 가벼운 에세이 책이나 그림이 그려진 동화책을 읽는다.

예전에 동화책은 어린아이들만 읽는 책이라며 '성인이 왜 동화책을 읽어.'라는 생각을 했었다. 하지만 요즘 동화책은 어른이 읽어도 괜찮을 정도로 내용도 디자인도 괜찮게 나온다. 대표적인 것이 베스트셀러인 『긴긴밤』이다.

아직 그 책을 읽지는 않았지만, 많은 어른들이 그 책을 읽고 감동을 받았다는 후기들을 볼 수 있다.

병렬 독서를 하는 것의 장점은 많다.

무엇보다도 단시간에 책을 여러 권 읽을 수 있다는 점이고, 운 좋게 비슷한 느낌이나 생각을 가진 작가님들의 책을 읽음으로써 배울 수 있는 것이 많다.

또, 책이 나랑 안 맞으면 억지로 읽지 않고 다른 책으로 관심을 돌리면서 집중력을 유지할 수 있다.

나 같은 경우는 책 출간을 위한 글을 쓰고 있어서 내가 쓰려는 주제와 비슷한 내용의 책을 읽으며 도움도 받고, 책을 쓸 때 참고로 할 수 있다.

한 권의 책만 계속 읽다 보면 진도가 나가지 않는데, 여러 권의 책을 나누어 읽으면 더 많은 내용을 한꺼번에 파악할 수 있다.

이제는 습관처럼 병원 진료를 가거나 드라이브를 갈 때 책 한 권씩을 가지고 나간다.

집에서 읽는 책과 밖에서 읽는 책은 다르기 때문에 분위기와 환경에 맞게 다양하게 책을 읽을 수 있다는 것이 병렬 독서의 또 다른 장점이다.

물론 병렬 독서를 하면 이 책의 내용인지 저 책의 내용인지 간혹 헷갈리는 경우도 있다.

하지만 병렬 독서는 단점보다 장점이 더 많다.

병렬 독서를 하는 사람들은 생각보다 주변에 많다.

책을 좋아하는 사람이라면 이 책도 읽어 보고 싶고, 저 책도 읽어 보고 싶은 욕심이 있을 것이다. 그런 사람들에게 병렬 독서는 시간과 체력을 아껴 주는 방법이다.

물론 병렬 독서가 맞지 않는 사람도 있을 수 있다.

한 권의 책을 완독하고 다음 책으로 넘어가는 걸 선호하는 사람이라면 상황에 맞게 읽으면 된다.

책 읽는 방법보다 책을 읽는 습관이 더 중요하다.

각자의 상황에 맞게 유연하게 독서를 하면 된다.

그리고 한 가지 더 방법을 공유하자면, 책에 플래그를 많이 붙인다.

형광펜이나 연필로 줄을 긋는 방법도 있지만, 나 같은 경우는 나중에 책에서 필요한 부분을 쉽게 찾기 위해 플래그를 붙인다. 책에 플래그가 많이 붙으면 '꼼꼼하게 읽었구나'라는 생각이 들어서 뿌듯할 때가 많다.

플래그가 붙은 부분 위주로 찾아 읽으면 되니 편하다.

07

줄줄이 사탕처럼 이어지는 책 읽기
(장혜숙)

며칠 전에 이사했다. 이삿짐센터 직원들은 많은 책을 나르면서 책 무게가 장난이 아니라고 푸념을 했다. 도서바자회, 책방, 인터넷 서점에서 시도 때도 없이 책을 구매했으니 그럴 수밖에. 다른 것은 과감하게 정리를 했는데, 책은 단 한 권도 버릴 수가 없다. 책 읽는 것이 삶에 커다란 즐거움을 주기 때문이다.

책 한 권이 인생의 전환점이 되어 지대한 영향을 끼치는 경우가 있다. 내가 아는 지인은 미니멀 라이프에 관한 책을 읽고 그동안 수도 없이 사들였던 책과 옷, 살림 도구를 정리하고 자신만의 취향을 살려서 모델 하우스처럼 깔끔하게 공간을 꾸미고, 완전히 다른 삶을 살고 있다.

책을 잘 읽는 나만의 방법을 몇 가지 소개한다.

첫 번째, 책을 선택할 때는 머리말과 맺음말을 먼저 살펴보고 목차를 꼼꼼하게 살펴본다. 그중 관심이 가는 제목의 페이지를 펼쳐서 읽어 본다. 책을 선택하는 것을 보면 그 사람의 관심 분야를 알 수 있다. 나는 미술이나 심리, 자기 계발, 패션, 요리 등에 관심이 많다. 책을 읽을 때는 관심 분야만 읽기보다는 다양한 책을 읽는 것이 좋다. 왜냐하면 여러 가지 간접 경험을 통해 지혜의 폭을 넓히고 사고의 깊이를 더해 갈 수 있기 때문이다.

두 번째, 책을 읽을 때는 목차와 상관없이 자신이 읽고 싶은 부분부터 보는 것도 괜찮다. 책을 읽다가 마음이 끌리는 부분에 연필로 밑줄을 긋거나 책 모퉁이를 접어 놓기도 한다. 그리고 감명 깊은 글은 노트에 정성껏 옮겨 적는다. 시간이 지나 가끔 적어 놓은 문구를 보면서 그 의미를 다시 한번 되새겨 보기도 하고, 글을 쓸 때 참고하기도 한다. 그리고 책을 읽다가 나와 생각이 다른 부분이 있으면 내 의견도 간단하게 메모해 놓는다. 좋은 책들은 접혀 있거나 메모가 되어 있는 페이지가 유난히 많다.

세 번째, 책을 읽을 때는 대체로 속도를 약간 늦춰서 정독한다. 그래도 내용 파악이 어려우면 반복해서 읽는다. 왜냐하면 목적지를 향해 질주하는 기관차처럼 빠르게 읽다 보면 깊이 있게 저자의 의도를 이해하기 어렵고, '수박 겉핥기식'이 되기 때문이다. 등산할 때에도 어떤 이들은 정상에 오르기 위해 앞만 보고 내달린다. 천천히 바람결과 햇빛을 받으며 가끔 멈추어서 발아래 풍경을 감상하듯 독서를 하자. 더 깊은 의미와 진한 감동을 느끼게 된다.

네 번째, 책을 읽다 보면 맨 마지막 부분에 작가가 글을 쓰기 위해 참고했던 서적이 소개되어 있다. 그중 마음에 드는 도서를 선정해서 읽는다. 선정한 책을 읽다 보면 책 마지막 부분에 작가가 참고한 도서 이력이 또 소개되어 있다. 어릴 적 좋아했던 줄줄이 사탕처럼 끊임없이 연이어서 책을 읽게 된다. 그렇게 독서의 양이 쌓이다 보면 자신만의 주관을 가지고 가치를 판단할 수 있는 안목이 생긴다.

다섯 번째, 외출할 때면 가볍게 읽을 수 있는 에세이나 자기계발서 또는 시집을 한 권 가방에 넣어 가지고 간다. 친구와 약속이 있어서 전철을 타고 가면서 책을 꺼내 읽는다. 고개를 들어 주변을 살펴보니 핸드폰을 하는 사람들이 대부분이다. 게임이나 뉴스, 유튜브를 검색해 보거나 이어폰으로 음악을 듣는다. 간혹, 전자책을 읽는 이들도 있다. 옆에 앉은 아주머니께서 나를 보고는 "요즘은 전철에서 종이책 읽는 사람 보기 드문데……"라고 하셨다. 종이책은 부피가 있고 무거워서 이사 갈 때마다 고민이다. 그렇지만 전자책은 장소를 가리지 않고 출퇴근길에도 부담 없이 읽을 수 있어서 좋다. 종이책은 주문하고 며칠 기다리는 기간이 있지만 전자책은 바로 읽을 수 있으니 참 편리한 세상이다. 종이책은 읽던 부분에 예쁜 책갈피를 끼워 놓고 남은 부분을 보면서 뿌듯하기도 하다. 전자책은 읽은 부분 표시도 안 되고, 읽고 싶은 부분을 쉽게 찾기도 어렵다. 나는 손때 묻은 종이책이 정감이 느껴져서 더 좋다.

　미술 분야에 관심이 많은 나는 호감 가는 화가가 있으면 관련 책을 사서 읽는다. 그러면 그 화가의 철학을 알게 되어 작품 세계와 작품 제작 과정, 화풍을 더 깊이 있게 이해하고 감상할 수 있다. 내 생일에 아들이 선물해 준 『살아남은 그림들』이라는 책을 읽었다.
　이 책은 서울경제신문의 미술, 문화재 분야의 전문 기자인 조상인 님이 쓴 책이다. 일제강점기와 6·25 전쟁이라는 격동의 시간을 이기고 살아남은 작품들에 대한 이야기다. 한국 근현대 화가 37인의 화가와 작품의 가치를 전문 기자의 면밀한 눈으로 아프고 치열했던 작가들의 삶과 작품 세계를 생생하게 기록하여 읽는 내내 감동이 전해진다.

시대를 앞서간 우리나라 최초의 여성 서양화가 나혜석은 숱한 시련을 담은 불안하고 서글픈 눈빛의 자화상을 남겼다. 어려웠던 시절에도 일본, 파리를 거쳐 뉴욕까지 진출하여 세계적인 반열에 올랐던 조선시대의 백자를 사랑한 대표적인 추상화가 김환기 화백. 그는 뉴욕에서 고향과 지인들을 그리며 '어디서 무엇이 되어 다시 만나랴'라는 걸작을 완성했다. 가난해서 독학으로 미술 공부를 하며 지극히 한국적인 소재로 자신의 그림 세계를 펼쳐 갔던 따뜻한 성품의 서민 화가 박수근 화백. 그는 나목을 주로 그렸는데, 이 나무는 죽어 가는 나목이 아니라 봄을 기다리는 나무로, 엄혹한 시절을 꿋꿋하게 이겨 내는 자신의 모습을 나무로 표현하였다고 한다. 숨 막히는 식민지 시대와 한국 전쟁 통에도 자신의 길을 묵묵하게 걸어갔던 화가들의 삶과 작품 세계를 보면서 마음이 숙연해졌다.

혹독했던 추위가 물러가고 봄기운이 완연하다. 곧 기적같이 화려한 꽃의 향연이 펼쳐질 것이다. 봄 햇살을 받으며 삼삼오오 산책하는 모습과 꽃그늘 아래서 유유자적하며 책 읽는 모습이 눈에 선하다. 위에 소개한 책 읽는 꿀팁을 참고하여 벌이 꿀을 따듯이 책 속에서 달콤함을 발견하기를 바란다.

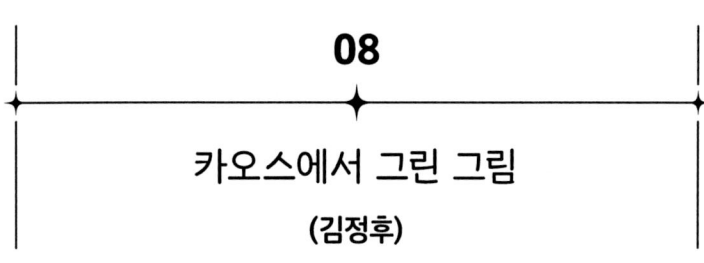

08
카오스에서 그린 그림
(김정후)

한국에 귀국하면 매번 일련의 행사처럼 광화문 교보문고를 찾는다. 광화문역에서 내리면 서점이 가깝다는 것을 알지만 나는 그렇게 하지 않는다. 언제나 종각역에서 서점까지 걸어간다. 과거 친구나 연인과 함께 추억했던 거리를 걷고 싶어서다. 교보문고에 들어서니 종이책 향이 코를 자극했다. '빨리 이쪽으로 오세요!'라며 따끈한 신간 서적과 다양한 분야의 종이책이 마치 내게 손짓하는 듯했다. 흥분한 나머지 오랜만에 이곳저곳을 돌아다니다 보니 왼쪽 팔에 한 무더기의 책을 들고 낑낑대고 있었다. 욕심도 별처럼 많다.

수년간 서점을 맛집 드나들 듯 경험치가 올라가면서 나만의 독서법도 생겼다. 소설과 에세이 형식을 담은 책과 특정 주제나 해결책을 위한 책을 읽는 것은 접근 방식부터 다르다. 무거운 주제의 책은 삐딱한 밑줄이며 별 모양의 온갖 표시가 가득하여, 마치 집 비어 있는 동안 강아지와 두루마리 휴지 간에 치렀던 전쟁터를 연상시킬 정도다. 반면 소설과 에세이는 반대다. 휴식을 취한다는 마음이 큰 것일까? 시간이 흘러 다시 책을 들어 책장을 펼치는 순간, 내가 정말 읽었던 책인지 의심스러울 정도다. 누구나 자기만의 독특한 독서법이 있기 마련이다. 나도 효과적인 독서법이라고 생각하는 나만의 방법이 몇 가지 있다.

첫째, 그래픽화다. 책에 밑줄 친 문장들을 훑어 나가면서 마음이 가는 문장을 노트에 옮긴다. 이때, 나만의 도형과 기호를 첨부한다. 이는 정보를 간결화할 수 있다는 장점이 있다. 연결성과 구조화란 방식으로 뇌가 기억하기 쉬운 원리를 활용하는 것이다. 책의 제목조차 기억하지 못할 때가 많은 내가 그래픽을 통해 과거의 기억과 당시 느꼈던 감정을 쉽게 회상할 수 있어 좋다. 휘발성 같은 내 기억과 감정을 잠시나마 오래 붙들어 놓을 수 있는 유일한 방법이다.

그리스 로마 신화 책을 읽다가 신의 이름을 잊고 앞장을 빈번히 오갔던 적이 있다. 하지만 그래픽을 통해 이 수고를 덜었다. 『김헌의 그리스 로마 신화』에서는 무(無)라는 공간에 카오스(Chaos)라는 텅 빈 공간이 생겼다고 설명한다. 혼돈이라는 의미로만 알았는데, 공간이라는 해석도 있다는 내용이 흥미롭다. 먼저, '텅 빈 곳'이라고 적고 둥근 지구와 대기권을 그렸다. 지구는 땅의 첫 여신 '가이아'의 탄생이라고 적고, 가이아가 하늘의 신 '우라노스'를 낳았다고 대기권에 표시했다. 땅속 지하를 묘사하여 '타르타로스'라고 표기했다. 마지막으로 산과 바다를 그렸다. 여기에 '우레아'와 '폰토스'라고 적었다. 신화라고 하면 이제는 이 그림이 먼저 떠오른다.

둘째, 국어사전 활용이다. 단어의 쓰임새를 이해할 때 저자의 의도가 명확하게 보이는 법. 다양한 문화를 접하고 영어와 일본어를 자연스럽게 구사할 수 있는 능력이 생기면서 국어 능력의 중요성을 다시 한번 느꼈다. 또한 회사 업무에서도 소통 능력이 국어 능력과 관련이 깊다는 것을 알았다. '그래, 바로 내가 그 말이 하고 싶었던 거야!'라고 하며 종종 무릎을 '탁' 쳤던 경험이 많다. 이는 외국어 능력이 부족해서라기보다는 상황과 상태를 표현할 줄 아는 국어 능력이 부족하기 때문이다. 부정확한 용어 선택과 부족한 어휘력은 외국어로 소통하는 과정에서도 숨은 장벽이 된다.

업무에서 흔히 사용되는 '검토'와 '확인'이라는 단어 사용도 생각해 봐야 한다. 문서나 정보를 눈으로 본다는 과정이 비슷하다는 맥락에서 두 단어가 자주 혼용되어 사용된다. 세세한 차이를 인식하지 못하면 비슷한 의미로 이해할 수 있어 동일하다고 오해할 수 있다. 하지만 '확인'은 어떤 것이 옳고 그름을 확인하는 일이다. 사실을 판단하는 작업이다. 반면에 '검토'는 조사하고 평가하는 과정을 포함한다. 문서나 자료 등을 주의 깊고 자세하게 리뷰하는 일이다. 다음 두 가지의 틀린 예시를 보면 보다 쉽게 이해할 수 있다.

틀린 예시 A: 전체 프로젝트의 상황을 '검토'하겠습니다.
틀린 예시 B: 결재 내용을 '확인'했으니 곧바로 진행해 주세요.

틀린 예시 A에서 실제로는 프로젝트 상황을 '확인'했을 가능성이 높다. 내용을 단순히 보고 사실을 확인하는 작업이다. '검토'는 깊이 있는 조사나 분석을 의미하는데, 전체 프로젝트 상황을 '검토'한다는 말이 올바른 사용법이 아니다. 두 번째로 틀린 예시 B는 결재 내용을 '검토'해야 했을 것이다. 결재 내용을 심층적으로 조사한 후 평가한 내용을 포함했기 때문이다. '검토'라는 단어가 맞다. 의사소통에서 쓰임새를 정확하게 구분하고 구사하는 일은 자기 의사를 상대방에게 명확하게 전달하는 중요한 과정이다. 마찬가지로 독서도 저자와 소통한다는 관점에서 낱말의 쓰임새를 구분하여 저자의 의도를 명확히 하는 귀중한 과정이다.

혹자는 책에서 단 한 문장의 가치만 찾아도 된다고 한다. 우리의 욕심이 오히려 모든 것을 잊게 하거나 핵심을 놓치게 만들 수 있다는 조언이다. 방법이 무엇이든 본질을 잊지 말아야 한다. 책 속에서 가치를 찾는 일. 오롯이 나만의 고유한 가치를 찾는 일이다. 수북이 쌓인 하얀 눈이 한겨울밤을 오히려 밝게 하는 현상을 본 적이 있나? 쇼펜하우어의 말처럼 인생이 고통이라고 느낀다면 책에서 찾은 가치는 한겨울밤 동안 수북이 쌓인 눈과 같다고 할 수 있다. 한겨울밤 동안, 희망의 빛이 쌓여 우리를 웃음 짓게 하기 때문이다.

09

목표를 설정하여 읽어 보자
(김순철)

맞춤형 읽기 목표 설정

"오늘 읽은 책에서 어떤 특정 지식을 습득하겠다" 아니면 "내 마음을 안정시키겠다"라는 구체적인 목표를 세우세요.

예를 들어, 심리학에 대한 기초 지식 습득이나 자기 계발 서적에서 새로운 아이디어를 얻기 등이 될 수 있습니다.

맞춤형 읽기 목표를 설정하는 것은 개인의 목적과 필요에 따라서 책을 선택하고 읽는 것을 의미합니다. 이 목표를 세울 때 몇 가지 단계를 고려할 수 있습니다.

관심사 및 목표 파악

자신의 현재 관심사나 개인적인 목표를 파악하세요. 예를 들어, 마음의 안정을 찾고 싶다면 심리학 분야의 책을 선택할 수 있고, 자기 계발에 관심이 있다면 해당 분야의 서적을 찾을 수 있습니다. 지금 내가 무엇에 관심이 있는지를 알아차리는 것이 중요합니다. 내가 지금 관심이 있는 것이 심리학인지, 여행에 관한 것인지 기술서인지, 아니면 머리를 정화하기 위한 시집 또는 에세이인지, 재테크를 하고 싶은지를 아는 것이 중요하겠습니다.

관심사에 대한 직무나 전문 분야 유무

현재 관심사의 내용이 직무나 전문 분야에 필요한 지식이 필요하다고 생각되어지면 독서 목표를 설정하세요. 업무 역량 향상이나 경력 발전을 위해 필요한 주제를 중심으로 읽는 것이 유용합니다.

도전 방향 설정

자신이 현재 알고 있는 지식 정도를 고려하여 목표를 설정하세요. 도전적인 책을 통해 새로운 지식을 습득하거나 기존 지식을 강화하는 데 중점을 둘 수 있습니다.

일정 및 시간 관리

독서에 투자할 수 있는 시간과 일정을 고려하여 목표를 설정하세요. 매일 일정한 시간을 투자하는 것이 어려운 경우, 주말이나 월요일, 화요일 같은 특정 날짜에 집중해서 읽는 것도 방법입니다. 저는 시간이 많이 없어서 주말에 아들의 편의점에서 알바를 하면서 틈틈이 책을 읽기도 합니다.

또, 매일 정해진 시간을 독서에 할애하도록 노력하세요. 이를 위해 휴대폰의 알람이나 캘린더를 활용하여 독서 시간을 계획하고 일정을 지키도록 노력하세요.

성취감을 주는 목표 세우기

 목표를 달성하기 위해 구체적이고 측정 가능한 목표를 세우세요. 예를 들어, '1개월 안에 한 권 읽기'와 같은 목표가 될 수 있습니다.
 이 목표와 더불어 자신의 책이 직무나 역량 강화에 있다면 책을 읽고 할 수 있는 방법을 찾아 도전해 보는 것이 좋겠네요. 책 쓰기 책을 읽었다면 시 한 편, 에세이 한 꼭지 쓰기 등.

토론 및 공유

 독서 후에는 독서 그룹이나 온라인 커뮤니티에서 다른 사람들과 의견을 나눠 보세요. 이렇게 함으로써 여러 시각을 수용하고 책에 대한 깊은 이해를 도모할 수 있습니다.
 독서를 즐기는 많은 분들이 서평단이나 독서 모임을 하고 있는 데에는 그럴 만한 이유가 있는 것으로 보입니다.
 내가 읽은 책에서 나의 느낌과 타인의 느낌을 교류하며 다른 방법, 또는 다른 사람의 생각을 반영할 수 있습니다.

독서 환경의 다양성

다양한 환경에서 독서를 시도하세요. 고요한 도서관에서 집중력을 높일 수도 있고, 자연 속에서 새로운 아이디어가 떠오를 수 있습니다. 각자가 소속된 곳에서 잠시 시간을 내어 다양한 장소에서 독서를 시도하여 어떤 환경이 가장 효과적인지 확인해 보세요.

다양한 장르와 주제에 도전

편견 없이 다양한 장르와 주제의 책을 읽어 보세요. 소설, 비소설, 역사, 과학, 예술 등 다양한 분야의 책을 통해 다양한 시각을 확장할 수 있습니다.

독서 일지 작성

독서 일지를 작성하여 읽은 내용을 정리하세요. 책의 핵심 내용, 인상 깊은 구절, 자신의 생각 등을 기록하여 나중에 되돌아 보며 복습하고 반성할 수 있습니다.

　이러한 구체적인 전략을 통해 독서를 더욱 효과적이고 의미 있게 만들 수 있을 것입니다. 이를 통해 자신만의 독서 스타일을 발전시키고 더 풍부한 지식을 얻을 수 있을 것입니다.

10
1인 기업가가 되기 위한 책 잘 읽는 법
(조은애)

  자영업을 하는 사람들의 망하지 않는 방법 중 하나는 작게 시작해서 크게 성공하라는 것이다. 처음부터 크게 시작해서 코로나19로 크게 망해서 아직도 빚에 허덕이면서 이자를 1,000만 원이나 갚아 나가는 사람을 보았다. 너무 크게 시작하면 망할 수도 있다는 말이 있다. 누구나 크게 시작하고 싶은 마음은 당연하다.

  책을 읽는 것도 마찬가지다. 두꺼운 책을 사서 다 읽지도 못하고 쌓아 두고만 있는 경우도 있다. 책을 사는 것은 식당을 하는 것과 다르다. 좀 두었다가 봐도 되기 때문이다. 책 전체를 다 읽으려고 하다 보면 부담이 되고, 스트레스도 받는다. 스트레스는 만병의 근원이기 때문이다.

내가 1인 기업을 하다 보면 읽을 책이 한두 가지가 아니다. 책에 관심이 없던 나도 글쓰기를 하다 보니 책 욕심이 생겨 방에 하나둘씩 쌓이게 된다. 책은 쌓여도 기분이 좋다. 왜냐하면 썩는 물건이 아니기 때문이다. 음식은 많이 쌓아 놓으면 썩는다. 또 많이 먹으면 배탈이 난다. 책은 많이 읽어도 과부하가 걸리지 않는다. 배탈이 나지도 않는다.

유튜브에서 책 읽기를 시도하고 있다. 하지만 저작권에 걸린다고 한다. 저작권에 걸리지 않는 방법이 있다. 성경책을 읽거나 사후 70년이 지난 책, 내가 쓴 책을 읽는 것이다. 내가 쓴 책을 가지고 누가 태클을 건단 말인가? 그래서 책을 많이 읽고 싶다. 때로는 한 줄이라도 좋다. 책 표지만 읽어도 좋은 책이 있다. 책을 읽기 전에 내가 왜 이 책을 읽는지 스스로에게 물어볼 일이다. 이 책을 읽고 나서 무엇을 하고 싶은지 진지하게 연구한다.

나의 관심사 책은 동안 연구와 한의학 명리 상담 이런 부류의 책이다. 자기가 좋아하는 책은 읽기가 쉽다. 술술 잘 넘어간다. 책을 읽고 리뷰를 써 보는 것도 좋은 방법이다. 리뷰를 쓰려고 하면 더 꼼꼼하게 읽는다. 꼼꼼하게 읽으면서 생각 정리를 한다. 말을 잘하는 것도 생각 정리를 잘해서 잘하는 것이다.

시간을 15분 단위로 쪼개서 낭독을 하면서 글을 읽어 본다. 녹음을 하고 다시 들어 보면 감정 조절을 잘할 수 있다. 묵독을 할 때는 책이 빨리 읽어진다. 낭독을 하면서 책을 읽으면 시간은 더 걸리지만, 오랫동안 하다 보니 발음이 정확해지는 것을 느꼈다.

'성공은 시간 관리다'라는 말이 있다. 책을 읽는 시간도 일정한 시간을 정한다. 새벽 4시에 일어나 하루를 시작하기 전에 책을 읽는다. 그 시간이 고요하고 좋다. 혼자만의 시간에 온갖 상상을 하면서 책 속에 빠져든다. 내 주변에는 항상 책이 있다. 낮에는 책을 꼭 챙기고 10분, 15분, 잠깐잠깐 읽는 재미가 있다. 저녁에는 잠들기 전 30분 동안 책을 읽는다. 잠은 가장 좋은 수면제가 된다.

아웃풋을 잘하는 사람에게는 반드시 인풋이 있었다. 인풋이 있어야 아웃풋이 있기 때문이다. 한 분야의 책을 쓰기 위해 관련 도서 40권을 읽고 깨우쳐서 한 권의 책을 썼다는 사람을 보았다. 1인 기업을 하는 사람, 직장인, 주부들도 책을 읽고, 콘텐츠를 쌓고, 어려움을 헤쳐 나간다. 모르면 물어봐야 하는데, 책처럼 좋은 도구는 없다. 특히 요즘은 전자책까지 나와서 더 읽기 쉬운 문화생활을 하고 있다. 처음부터 잘나가는 사람은 없다. 누구에게나 어려운 과정이 있다.

지인은 최근에 도서관장이 되었다. 국가 지원금과 시 지원금으로 되었다고 한다. 어려운 자영업자들이 서점을 하나 차리려면 비용도 만만치 않은데, 자기 돈을 들이지 않고 차렸다고 하니 대견하다. 그것도 나이가 많은 언니다. 그런 언니를 옆에서 지켜보니 나도 하고 싶다는 생각이 든다. 책을 거르지 않고 읽을 수 있는 방법이 있다. 책을 읽고, 글을 쓰고, 유튜브에 올린다. 날짜를 세면서 챌린지를 한다. 고객과의 약속이므로 실행하게 된다. 나도 한번 해 볼 테야!

책을 잘 읽는 방법은 아무 때나 읽는 것이다. 화장실, 거실, 부엌 등 군데군데 책을 두고 한 줄이라도 읽는 관성을 길러 보자. 관성이 길러지면 다람쥐 쳇바퀴 돌 듯이 자동으로 굴러가게 된다. 책을 사랑하게 된다. '도서관 옆에서 살면 얼마나 좋을까!' 하는 생각이 드는 날이다.

11

글쓰기에 도움이 되는 독서법이란?
(황상열)

이번 주는 바빠서 책을 많이 읽지 못했다. 사실 바쁘다고 하는 것은 변명이다. 어떻게든 짬짬이 시간을 내서 한 페이지라도 읽었는데, 실천하지 못했다. 머리가 복잡하다 보니 책을 읽어도 내용이 잘 들어오지 않았다. 독서도 매번 잘 되지 않다 보니 '잠깐 내려놓았다'라는 표현이 맞을지도 모르겠다.

일요일 아침, 오랜만에 내가 운영하고 있는 온라인 독서 모임 '방구석 책 읽기' 42회차 모임을 진행했다. 한 달에 2권 읽는 콘셉트로 진행하고 있다. 이번에 회원들과 함께 읽은 책은 인나미 아쓰시라는 일본 작가가 쓴 『1만 권 독서법』 책이다. 내가 사용하고 있는 독서법이 맞는지 확인도 하고, 다르게 읽어 볼 방법이 없을까 고민하다가 다시 한번 읽게 되었다.

내가 책을 읽게 된 계기는 『지금 힘든 당신, 책을 만나자!』라는 책 덕분이다. 책이나 블로그 글에서 많이 언급했지만, 인생의 나락으로 떨어진 30대 중반에 다시 살고 싶어서였다. 책을 읽으면서 '나만 힘들게 사는 게 아니구나'라는 사실을 깨닫게 되었다. 오히려 책을 쓴 저자는 내가 겪었던 힘듦의 100배 정도다.

사업이 망해서 몇십억의 빚을 지고서도 긍정적인 마인드로 포기하지 않고 시간을 견디면서 다시 일어난 이야기, 몇 번의 시험에 떨어져도 끝까지 도전해서 결국 합격했던 경험 등이 15,000원짜리 책 한 권에 고스란히 담겨 있다. 책을 보면서 다양한 사람의 인생을 알게 되고, 진짜 인생에 대해 배울 수 있었다. 그렇게 시작한 생존 독서가 이제 12년 차가 되었다.

나는 다양한 방법으로 책을 읽고 있다. 처음에는 한 권을 모두 다 읽어야 다음 책으로 넘어갈 수 있었다. 그 책에 나오는 내용 모두를 이해하고 내 것으로 만들고 싶었다. 욕심이 너무 컸다. 하루 종일 책만 읽는 것이 아니다 보니 많은 책을 보고 싶었지만, 그렇게 할 수 없었다. 또, 읽는 행위에서만 끝나다 보니 돌아서면 무엇을 읽었는지 기억이 잘 나지 않았다.

다음에 사용했던 방법이 책을 읽고 나서 서평을 쓰는 것이었다. 거창한 서평이 아니라 영화를 보고 나서 쓰는 리뷰 형식의 글에 가깝다. 그래도 서평까지 쓰니 읽었던 책의 내용이 기억도 잘 되고, 내 생각이 정리가 되었다. 이후 책에 나왔던 내용을 실제 내 생활에 하나씩 적용해 보기 시작했다. 맞는 것도 있지만, 그렇지 않은 경우도 발생했다. 확실히 책을 읽고 적용하다 보니 내 의식도 더 커지고, 인생에 지혜롭게 대처하는 노하우도 생겼다.

이처럼 책은 일상을 살면서 야기되는 문제 해결에 큰 도움을 준다. 책을 왜 읽냐고 물어보는 사람에게 늘 이렇게 말하고 있다. 지금 인생이 힘들거나 문제가 생겼을 때 사람에게 상의하는 것도 좋지만, 우선 책을 먼저 찾아보면 더 도움이 된다는 사실을. 책을 읽다 보면 자연스럽게 글쓰기도 같이 도움을 받을 수 있다.

글쓰기에 도움이 되는 독서법을 한번 소개하면 다음과 같다. 우선 어떤 책을 사거나 빌려서 읽게 되었다고 가정하자.

첫째, 우선 그 책의 제목과 목차, 작가 소개, 프롤로그 등을 보고 어떤 내용이 들어 있는지, 이 책을 통해 내가 얻을 수 있는 메시지가 무엇인지 등 미리 질문한다. 그 질문을 자신만의 독서 노트에 한 번 써 보자.

둘째, 본문을 읽기 시작한다. 한 문장이나 한 페이지만 읽어도 좋다. 거기에서 인상 깊은 구절 몇 개가 보이면 형광펜으로 표시한다. 볼펜이나 연필로 밑줄을 그어도 상관없다.

셋째. 밑줄 그은 구절 밑이나 책 여백에 잠깐 자신이 생각한 키워드나 짧은 한 줄 문장을 자유롭게 쓴다. 이때 중요한 것은 너무 길게 쓰지 말고 한 줄 이내로 써야 한다는 것이다.

넷째, 인상 깊은 구절과 적었던 자신의 생각을 독서 노트에 다시 옮긴다. 생각을 적은 다음 줄에 내 경험을 덧붙여서 독자에게 어떤 메시지를 줄지 고민한다. 메시지가 생각났다면 결론에 요약해서 정리하자.

위 4가지 방법을 사용하면 글을 쓸 때 도움이 될 것이다. 글도 인풋이 풍부해야 아웃풋을 충분하게 낼 수 있다. 그저 자신 생각대로만 글을 쓰다 보면 얼마 가지 못한다. 글쓰기는 독서가 무조건 같이 동반되어야 한다. 앞으로 책을 읽는 행위에서만 끝내지 말고, 위에서 알려 준 방법대로 한번 써 보는 것은 어떨까?

 읽고 쓰는 행위가 앞으로 더 중요해진다. AI가 아무리 대신 책도 잘 요약해서 글을 더 잘 써 줄지 모르지만, 인간이 직접 감성을 더해 쓴 글을 이기지 못한다. 지금 책을 읽고 있다면 글로 한번 옮겨 보는 것도 나쁘지 않다.

3장

내 인생 책을
소개합니다

01

버리면 버릴수록 행복해졌다
(양지욱)

추운 겨울, 집 안에 들여놓았던 화분 몇 개를 봄이 다가오면서 뒤 베란다로 옮겼다. 화분들이 호흡하던 공간이 여백으로 채워졌다. 물건들이 생각보다 공간을 많이 차지하고 있었다. 숨을 크게 쉬었다.

어쩌다 미니멀 라이프

오늘도 네이버 '미니멀 라이프' 카페에 들렀다. 카페 회원들은 서로 경쟁하듯이 날마다 주방, 안방, 화장대, 욕실, 거실, 책상, 책꽂이 등 비우기 전의 모습과 비우고 난 후 사진을 찍어 올린다. 그 비운 공간을 보면 가슴이 뻥 뚫린다.

어쩌다 미니멀 라이프를 알게 되었다. 아무리 생각해도 계기를 모르겠다. 신이 나에게 준 최고의 선물, 그것이 50년 넘게 살아온 내 인생을 송두리째 바꿀 줄이야. 몇 년 전, 미니멀 라이프 카페를 알게 되었다. 다른 사람들처럼 물건 비움 인증 사진을 찍고 올릴 용기는 없었지만 무작정 따라 했다. 집의 물건을 비우는 쾌감은 하늘을 찔렀다. 그리고 그 카페의 지기가 쓴 『버리면 버릴수록 행복해졌다』를 읽었다.

그 책은 3년 차 미니멀리스트 황윤정 작가가 쓴, 단순한 삶의 이야기다. 저자는 집안을 물건으로 채우면 채울수록 마음이 허전해짐을 느껴, 단순한 삶으로 방향을 완전히 바꾸었다고 한다. 미니멀리스트로 살아오면서 겪은 경험담과 생각은 그때 마침 미니멀 라이프에 눈을 뜨기 시작한 나에게는 신세계로 다가왔다. 유튜브에 등장한 작가의 집은 비움으로 백지가 된, 책 속의 집 여백과 완전히 일체가 되어 군더더기가 전혀 없었다. 미니멀리즘은 '무엇을 버리느냐'가 아니라 '무엇을 소유할 것인가'가 더 중요하다고 한다. 그래서 자신이 소유한 것을 온전히 그리고 충분히 누리고 즐기기 위해 무엇을, 어디서부터, 어떻게 비워야 할지를 자세히 들려준다. 물건을 덜 소유함으로써 더 행복해지고,

더 편해지고, 시간과 돈과 에너지가 남는다면 한번 시도해 보라고. 진정 자신에게 필요한 것, 진짜 자신을 알게 하는 것, 정말 자신이 좋아하는 것 이외에 소모적인 것은 버리자고.

그 책과 함께 『가장 단순한 것의 힘』, 『심플하게 산다』, 『심플하게 산다 2』, 『작은 집을 예찬한다』, 『미니멀리스트』 등 몇 권의 책을 더 읽고 3년 정도 따라 하다 보니 어느새 나도 완전한 미니멀리스트는 못 되지만, 그럭저럭 흉내를 내며 살게 되었다.

며칠 전, 건축가 승효상의 '선언적 철학서' 『빈자(貧者)의 미학(Beauty of poverty)』을 읽었다. 건축 전문 책이 아니라 삶의 철학과 방식에 관한 이야기다. "빈자의 미학. 여기서는 가짐보다 쓰임이 더 중요하고, 더함보다는 나눔이 더 중요하며, 채움보다는 비움이 더 중요하다."라는 문장을 만났다. 1996년에 출판된 이 책의 글에서 건축의 미니멀리즘을 발견할 줄이야.

버리면 버릴수록 정말로 행복해졌다. 물건을 하나하나 비우고, 일, 자식, 돈, 넓은 집, 출세, 욕심을 하나씩 내려놓을수록 소소한 행복이 가까이 왔다. 물건을 비움으로써 돈과 시간과 에너지가 남았다. 남은 시간에 온 에너지를 모아 어느덧 글 쓰는 삶을 살고 있다.

학교 일도 단순하게

진로 교사가 되어 10년 동안 학교에서 프로그램을 만들어 운영하였다. 100첩 반상을 준비하여 펼쳐 놓고 학생들이 자기 입맛에 맞는 음식을 골라서 먹기를 바랐다. 그래서 해마다 3월 새 학기가 시작되면 어떤 프로그램을 만들지 고민하고, 여름 방학이 되면 다른 프로그램을 뚝딱 만들어 제시했다. 하지만 결과물이 너무 많아서 평가를 제대로 하지 못하고 활동 내용만 겨우 기록하는 데 그쳤다.

작년에 중학교에서 고등학교로 옮기고 1년 동안 학교에서 어떤 프로그램을 운영하고 있는지 들여다보았다. 창의인문교육부, 융합과학교육부를 중심으로 학생들을 위한 프로그램이 다양하게 진행되고 있었다. 학생들은 공부와 함께 동아리 활동, 학급과 학년 특색 활동을 하느라 바쁘다. 그렇다면 이 학생들을 위하여 프로그램을 어떻게 운영하여야 할까?

지나치게 많이 운영되는 프로그램은 학생들이 공부하고 사색하며 즐거운 학교생활을 하는 데 방해가 된다. 하나를 하더라도 제대로 하자. 실속 있는 하나만 운영하려고 고민하던 중, 올해 2월에 도교육청에서 내려온 공문을 보고 아산나눔재단의 청소년 기업가 정신 교육 프로그램 중 '실리콘밸리 히어로'를 신청하였다. 다행히 선정되었다. 변화하는 시대에 맞춘 프로그램이다. 기업의 방식으로 실제 세상을 만나 기업가적 역량을 강화하는 커리큘럼이다. 무료로 2시간씩 10회 진행되어 학생들은 그 과정에서 세상의 변화를 관찰하고, 자신만의 관심 분야와 해결 방안을 고민하며 자기 주도적으로 진로를 탐색할 수 있다. 거점 학교로 3년 내내 운영하게 되어 마음이 더 든든하다. 일을 많이 한다고 좋은 결과가 나타나진 않는다. 오히려 지나치게 많은 일을 함으로써 자신을 생각할 수 있는 시간이 사라지기 때문이다. 다람쥐 쳇바퀴 돌 듯 365일 같은 하루를 살 뿐이다. 결코 행복한 삶이 아니다.

학교 근무 시간에는 학교 일만 한다. 업무도 단순하게 필요한 일만 한다. 집에서는 나를 성장시키기 위하여 시간을 마음껏 소비하고, 학교 일은 하지 않으려고 노력한다. 그래야 나 자신을 찾을 수 있다. 중요하지만 급하지 않은, 미래를 위한 일을 찾아서 한다. 건강 챙기기와 글쓰기, 독서, 사색하기다.

책을 읽고 절제, 비움을 배웠다. 비움과 절제는 하나로 연결되었다. 욕심, 공간, 집, 일, 생각, 다른 사람과의 관계를 비웠다. 비우면 비울수록 단순해졌다. 본질만 남았다. 그 순수한, 절대적 공간은 비움 과정에서 역동적인 에너지를 안겨 주었다. 그 힘으로 글쓰기와 독서를 하다 보니 시간을 아껴 쓰게 되어 나도 모르게 욕심, 공간, 집, 일, 생각, 다른 사람과의 관계는 저절로 절제되고 있다.

나에게 필요한 것만 남기자. 일상까지 가벼워진다. 비워서 남는 시간과 공간을 무엇으로 채울 것인지는 이제부터 자신의 몫이다.

이제 나도 글을 잘 써야 한다고 생각하는 '욕망이라는 이름의 전차'에서 미련 없이 내릴 시간이다.

02

광야를 홀로 건너는 방법
(김지윤)

몸은 기진맥진, 마음은 너덜너덜한 날이 있다. 지하 1층, 아니, 지하 10층까지 자존감은 바닥 치고, 나 자신이 너무 초라해서 좁은 벽장에라도 나를 꽁꽁 숨기고 싶은 날. 나를 아무도 이해해 주지 않는 것 같고, 나의 호의와 진심을 오해하며 이용하려 들고, 있는 그대로의 나를 진정 사랑하고 아껴 주는 사람은 그 누구도 없을 것 같은 날.

그런 날에는 '살을 에인다'는 그 단어 그대로의 추위가 마음에 찾아오는데, 그럴 때마다 난 얼른 퇴근하고 아이를 재우고 나만의 시간에 볼 책을 머릿속 책장에서 찾고 한다. 나를 이 수렁에서 건져 줄 이야기가 있을 거야. 조금만 더 버티자. 내 눈물을 다정히 닦아 주며 계속 나아가야 한다고 따뜻하게 위로해 줄 거야. 그런 밤에 내 머릿속 'Favorite' 코너에서 가장 먼저 마음이 가는 책이 있다. 바로 공지영 작가의『수도원 기행』이다.

공지영은 내가 가장 좋아하는 작가이다. 그녀의 글들을 읽으면 마치 내 마음을 그대로 복사해 놓은 것 같아 때론 그 훌륭한 글솜씨를 나의 영혼과 바꾸자며 악마가 유혹하는 상상을 하곤 한다. 물론 나의 영혼과 바꿀 순 없겠지만, 내가 글을 쓰고 싶다는 작은 소망을 품게 해 주었다.

그녀의 기사에는 의례히 악성 댓글이 무수히 달리곤 한다. 조리돌림 수준의 글들을 보면서도 나는 그녀가 속상해하지 않을 거라, 행복하게 자기의 삶을, 비겁하지 않게 숨지 않고 열심히 살고 있을 거라 믿는다. 내가 그녀가 세상의 비난과 손가락질에 흔들리지 않을 거라는 믿음은 바로 신에 대한 그녀의 굳은 믿음과 사랑만이 우리를 구원할 수 있다는 의지를 알기 때문이다.

그녀가 쓴『수도원 기행』은 언제 읽었는지 기억나지 않을 만큼 오래전에 도서관에서 빌려 읽었었다. 아마도 20년 전쯤이었을까?

난 내가 일주일 정도 수도원에 가야 내 머릿속 이야기를 쓸 수 있다고 농담 삼아 이야기하곤 했는데, 그럴 때마다 실행에 옮길 수 없는 현실에 작은 절망감을 느끼고 했다. 이 책을 다 읽고 난 역시 내가 이다음에 이 모든 할 일이 다 끝난 순간, 수도원에 가서 꼭 내 책을 완성하겠다고 생각했다.

그러나 7년 전, 그 책을 내가 직접 주문하여 다시 폈을 때 내 삶은 달라졌다. 나는 그녀와 같은 심정으로 신에게 매달리며 살려만 달라고 울부짖었고 또한 그 눈물의 시간으로 치유되어 갔다. 성당은 아니지만 집 앞의 교회에 걸어가 울며 예배를 보았고, 그 이후로 3년이 다 되어 가는 지금도 여전히 신과 나와의 관계를 흥미로워하고 있다. 종교를 가지는 것은 내 안에 또 하나의 지구가 펼쳐지는 거라고 지인이 말해 주었다. 나 또한 종교를 가지고 난 후 내 안에 새로운 세상이 펼쳐지고 있는 것에 전율하곤 했다.

아직 내 일기장은 "제발 저를 살려 주세요. 저를 구해 주세요." 일색이긴 하지만 받아 보지 못했던 무조건적인 사랑을 신에게서 받고 있는 이 느낌이 좋다. 나는 더 이상 불면의 밤에 혼자 두려움에 떨지 않는다. 이제 나를 도와 달라고 부를 수 있는 이름이 있기 때문이다.

그녀가 서 있길 두려워했던 광야가 나 또한 무척 무서웠다. 그것은 마치 닫혀 버린 비상문처럼, 갑자기 멈춰 버린 승강기처럼 너무 막막하고 두려운 것이었다. 내가 지나왔던 광야에서 나는 많이 외로웠고, 길 잃은 아이처럼 어쩔 줄 몰라 울고만 있었다. 찬송가를 부를 때, 설교를 들을 때, '광야'라는 단어만 들어도 고개가 저절로 저어졌다.

그런데, 공지영 작가는 최근의 책에서 실제로 눈앞에 펼쳐진 이국의 광야 앞에 서서 그 삭막함에 끌리기까지 한다고 이야기했다.

그녀가 이제 다시 서게 되어도 괜찮다고 자신하는 광야에 나는 다시 설 자신은 없다. 그러나 만약 다시 그 광야를 지나야 한다면, 꼭 그래야 한다면 그전처럼 화려한 불빛과 어설픈 위로를 찾아 헤매지는 않을 것이다. 그 광야를 끝까지 나와 함께 건너 줄 사람은 오직 나 자신뿐이라는 것을, 광야가 황량하고 끝도 없이 느껴질수록 더 나의 심연을 가만히 들여다보며 기도해야 한다는 것을 깨달았다.

이제야 나는 그녀의 이 말을 조금, 아주 조금은 이해할 수 있을 것 같다.

"나는 좁고 작고 유한한 인간이 크고 위대한 것을 마주쳤을 때 일어나는 모든 혼란을 겪었으며 지금도 또한 그것을 겪고 있다."

- 공지영, 『수도원 기행』 중

03

다시 살아가게 하고
다시 공부하고 싶게 만든 책
(최경희)

　엘리자베스 퀴블러 로스, 데이비드 케슬러의 『인생 수업』은 나를 다시 살아가게 한 책이었다. 나의 마음이 다시 열리는 길에 들어서는 느낌을 온몸으로 맞이하게 된다.

　살아가기 위해 아등바등 하루하루를 짊어지고 살아가는 나의 모습이 있었다. 수면 시간도 부족하고 해야 할 일은 많았던 긴 시간. 누구의 강요도 없었지만 그렇게 살아가야 하는 줄 알았다. 새벽 2~3시에 잠들어 아침이면 겨우 일어나 나의 몸을 끌어 세우고 또 버거운 하루를 살아갔던 모습. 지금 돌아보면 자기 학대였다. 나를 잘 돌보아 줄 사람은 나 자신임에도 불구하고 나를 내가 반복적으로 지치고 힘들게 했던 어리석은 시간들이 있었다.

책을 만나고 나의 삶은 조금씩 달라지기 시작했고, 이전보다 나를 잘 보살피기 위해 노력 중이다. 2018년에 만난 『인생 수업』은 나를 돌아보고, 다시 살아가게 힘을 준 책이었다. 미처 우리가 몰랐던 당연하게 생각했던 것들을 다시 알아차리고 수정할 수 있게 했다. 어른들의 세상에서 한계를 짓고 있던 문제들을 죽음을 앞둔 어린아이가 더 자유로울 수 있음을 깨닫게 하고 그 어린아이에게서 배울 수 있는 기회였다. 우리는 자유롭기를 원한다.

그것을 원한다면 끊임없이 노력해야 한다. 단, 지혜로울 수 있어야 한다. 우리는 스스로 배울 수 없다. 인간은 서로를 도우며 생존한다. 누군가 써 놓은 지혜를 통해 서서히 스며들고, 우리의 세계는 더욱 확장되어 간다. 그럴 때 우리는 조금 더 나은 선택으로 조금씩 자유로워질 것이다.

그러기 위해서 우리는 늘 학습자가 되어야 한다. 성인이 되어서 학습하는 것이 더 중요한 사회가 되어 버렸다. 특히 AI도 독서를 깊이 하고, 다양한 학습을 통해 인지하고 있는 것이 확장된 사람만이 활용도를 높일 수 있다.

2020년 부산광역시의 원북으로 선정된 이국환 교수의 『오전을 사는 이에게 오후도 미래다』라는 책은 다시 학습하고 싶은 에너지를 주었다. 어떤 지인은 제목만 보고 흔한 자기 계발서라고 생각했다고 한다. 함께 읽고 나누는 시간, 이 책에 담긴 의미들을 더 많이 나눌 수 있어 행복했다고 했다. 나 또한 이 책은 다른 모임에서 지인으로부터 받은 선물이었다. 받을 때보다 읽고 나서 더 좋은 책으로 남은 보석 같은 책이 되었다. 그러기에 우리는 독서를 멈추지 않고 새로운 경험으로 새로운 지식을 받아들이고, 세상에 조금이라도 기여할 수 있는 존귀한 사람으로 존재하게 될 것이다.

04

진짜 어른 만들기 프로젝트
(박진선)

 처음으로 글이 아닌 그림으로 먼저 기록한 책. 읽는 내내 꼭 내가 매수할 주택을 알아보듯 메모하며 밑줄도 긋고 꼼꼼하게 읽어 냈다. 최측근 수림이가 책을 읽는 내내 정말 부러웠다.

 순하고 예의 바른 순례 씨도 좋지만 따를 순을 쓰는 지구별 여행자 순례 씨의 이름도 멋지다.

 순례 씨가 가장 좋아하는 말이기도 한 이 말은 그전부터도 알고 있었던 유명한 말이지만 책 안쪽에 곱게 다시 적어 보았다. 마치 순례 씨의 메시지인 듯.
 그리고 나 역시 지구별을 여행하며 감사하는 또 한 명의 순례자가 되기로 했다.

무거운 주제들이 보이면서도 무겁지 않게 담백하게 풀어낸다. 숫자로만 세상을 보는 어른들의 대표 주자 오수림의 부모.

나는 입시 학원 강사로 그리고 입시 학원을 운영하면서 봄, 여름, 가을, 겨울 사계절보다는 1학기 중간, 1학기 기말, 2학기 중간, 기말 이렇게 사계절을 보내는 게 익숙한 시절을 살았다. 어느 순간 '이게 아닌데…' 하는 생각이 조금씩 들다가 2022년 확신이 들었다. 첫째 아이가 첫 내신 시험을 준비하던 때였다. 늘 수강생들에게 100점을 받아야 한다고 강조와 강요를 하면서 내 아이에게는 아는 게 중요하지 100점이 중요한 게 아니라고 말하고 있었다. 졸리면 자야 하고 식사 때가 되면 밥을 먹어야지 보강이나 숙제하느라고 밥을 거르고 잠을 못 자면 안 된다고 말하고 있었다. 솔직히 월급 받고 학원 나오는 나도 학원에 가기 싫은 날이 있는데, 수강료 내고 학원 나오는 학생들은 당연히 나오기 싫은 날이 있지 않을까?

서울대학교? 서울대학교 원장 직강. 학원가에서 일하기는 마찬가지인데 옆 건물 학원도, 여기 나도 애들 가르치는 학원에서 일하는 건 똑같은데, 서울대학교를 나와도 어딜 나와도 하고 싶은 일, 적성에 맞는 일, 상황에 맞는 일, 그렇게 하면서 살게 되는 거 아닌가? 굳이 그렇게 죽어라 대학만 쳐다보며 목적 없이 공부해야 하나? 본인이 어디 대학에 가고 싶은지도 모르면서? 내가 하는 일에 자부심이 사라지니 마음이 부대끼기 시작했다. 100점짜리 성적을 만들어 줬지만 보람차지 않았다. 스트레스가 너무 컸는지 몸에 이상이 나타나기 시작했다. 기부를 하는 선행까지는 못 하고 살아도 자부심을 가지고 일하고 싶었다. 내 학생들도 내 아이처럼 똑같이. 그런데 그게 무너졌기에 더 이상 할 수가 없었다. 결국 이상 신호가 와서 휴직을 할 수밖에 없는 상황이 왔다. 휴직 후에도 학부모님들의 전화가 계속 이어질 때마다 숨통이 트였다. '그래도 내가 진심으로 일을 했구나' 하는 안도감이 들었다. 학생들이 상담을 청하고 답을 얻어 고민이 해결되었다고 고마워할 때도 나 역시 고마웠다. 그 사실이 내게 위로가 되었다.

나 혼자가 아닌 누군가의 엄마로 살고 있기에 나쁜 사람으로 살고 싶지 않았다.

내가 존경하는 어른들은 멋있다고 생각하고 닮고 싶은 어른들은 정말 스스로 자기 힘으로 서 있다. 그러려고 애쓰며 그 와중에 다른 사람을 돕는다. 그 모습이 정말 멋지고 닮고 싶다는 생각이 들었다.

"태어난 게 기쁘니까, 사람으로 사는 게 고마우니까 찝찝하고 불편한 통쾌함 같은 거 불편해할 거야. 진짜 행복해지려고 할 거야. 지금 나처럼."

- 유은실, 『순례 주택』 중

묵직하다. 아이가 셋인데 셋 모두에게 듣고 싶은 욕심이 들었다.

책에서 이 부분을 읽을 때 '그래, 바로 이거야. 이렇게 키워야지. 생활 지수가 높은 수림이처럼~'은 지워 버리고 '다시 태어난 게 기쁜 사람'을 메모했다. 그런데 마음이 묵직하다. 할 수 있을까? 고작 여덟 글자인데, 참 어려울 것 같다는 생각이 든다. 하지만 꼭 해 주고 싶다. 그렇게 키워 주고 싶다. 그렇게 키워 주고 난 좋은 어른이 되고 싶다. 그리고 풋노인이 되기 전에 순례 주택 하나 짓고 싶다. 통장에 잔고도 딱 1,000만 원을 유지하고 싶다. 뚝딱 소박한 한상차림도 할 줄 알아야겠고, 열심히 일도 해야겠고, 베풀 줄도 알아야겠다. 몇 가지는 되고 있고, 몇 가지는 된 것 같다.

단숨에 읽혀 버려 다소 아쉽기도 했던 책. 순례 씨처럼 나이 들고 싶다. 어른스럽지 못할까 봐 두렵지 이제는 나이 드는 게 두렵지는 않다.

05

살아온 기적, 살아갈 기적의 힘
(홍미영)

　마음을 밝게 해 주는 해맑은 미소가 가장 먼저 떠오르는 서강대학교 영문학과 교수이자, 에세이 작가였던 장영희 교수. 누구보다도 자신은 행복한 삶의 특별한 주인공이라며 희망을 잃지 않는 긍정적인 마인드의 소유자로, 자신의 삶에 최선을 다했던 장영희 교수. 두 살 때 '선천적 소아마비' 판정을 받고, 57년 동안 평생을 목발에 의지하며 장애인으로 힘들게 살았던 사람. 따뜻한 가슴으로 '세상과 이웃에게 희망이라는 선한 영향력'을 전하며 활활 타오르는 불꽃처럼, 활짝 핀 꽃처럼 살다 간 아름다운 사람, 세상에 환한 빛을 밝혀 준 진정한 교육자이자 참사람이었기에, 그녀는 지금도 수많은 사람들에게 희망을 노래했던 사람으로 기억되고 있다.

　장애인으로 살아간다는 것이 요즘 같지 않았던 시절, 상급학교로 갈 때마다 매번 입학을 거절당하며, 장애를 가졌다는 이유만으로 모진 수모와 무시를 당해야 했다. 그러나 열심히 공부하지 않으면 아무것도 못 하는 '소아마비 장애인'으로 살 것이라는 비참한 절망은 오히려 희망을 갖게 했다. 장애인의 몸으로 미국 유학길에 올라 어려운 박사 과정을 마치고 서강대학교 교수가 되기까지의 눈물 나는 과정은 한 인간의 승리를 여실히 보여 주고 있다. 모교인 서강대학교에서 영문학 교수로 활동하면서, 학생들에게 진정한 삶을 살아가는 마인드와 인생의 소중한 가치, 겸손함과 당당함, 세상을 올바르게 볼 수 있는 지혜를 가르쳤다. 또 여러 권의 저서를 통해 '꽃을 피우는 마음으로 희망과 용기를 잃지 않고 당당하게 살아가는 것이 최고의 삶'이라는 것을 온 세상에 전했다.

암과 투병하며 병상에서 쓴 장영희 교수의 인생 에세이 『살아온 기적, 살아갈 기적』은 나의 인생 책으로 꼽고 싶은 책이다. 몇 번을 읽어도 생전의 일상을 통해 전해지는 삶의 진솔한 메시지들은 봄비처럼 가슴을 촉촉하게 적셔 주며, 가슴에 희망의 씨앗이 자리 잡게 해 준다. 사소한 일상 속에 삶의 지혜를 가득 담은 책이자 선하고 긍정적으로 살았던 그녀의 삶이 고스란히

전해지는 마음이 따뜻해지는 책이다. 제자들에게 무엇보다 중요한 것은 진실되게 삶에 임하는 자세라고 가르쳤고, 육체에 장애가 있다는 사실은 조금 불편한 일일 뿐 결코 슬픈 일이 아님을 당당하게 세상 사람들에게 전했다. 고난과 어려움 속에서도, 좌절을 넘어서며 살아 있는 것 자체를 행복으로 여기는 마음을 담은 이 책은 100쇄가 넘게 발행되며 세상에 감동과 큰 울림을 주었다.

  이 책은 생명의 소중함, 희망, 신뢰를 주요 테마로 생활 속에서 마주치는 모든 것을 삶의 가치로 대입해 아름답게 표현하고 있다. '인생을 살아가는 데 있어서 가장 소중한 자산은, 희망이라는 것'에 대한 정의에 공감할 수 있는 가치가 고스란히 담겨 있다. 수많은 사람들에게 많은 영향을 주고 삶의 소중함을 가르쳐 준 책이기에 적극적으로 이 책을 추천하고 싶다. 이 책을 읽은 사람들은 '장애를 갖고 있지 않은 수많은 사람들이, 오히려 장애인이 쓴 이 한 권의 책을 통해 삶을 배우고 맑은 영혼으로 거듭날 수 있었다.'고 말하고 있다. 나 역시 이 책을 통해 인생을 다시 생각하게 되었고, 건강하게 살아 있음에 감사하는 마음을 갖게 되었다. 장영희 교수가 그랬듯이 쓰러지고 실패해도 '다시 시작합니다.'라는 마인드와 용기를 가질 수 있는 지혜를 배웠다.

자신의 삶을 '덤으로 이 땅에 다녀간 작은 보람'이라고 했던 작가의 바람이 이루어진 것이다.

몇 년 전, 발톱 뼈에 미세하게 금이 가서 한 달 동안 병원에 입원한 일이 있다. 2주간 반 깁스를 하는 동안 목발을 사용했는데 모든 일상이 불편했고, 팔과 어깨가 너무 아파 삶 자체가 우울해졌다. 당시 병원에서의 생활을, 한마디로 '모든 일상이 뒤바뀐 지옥 같은 삶'이라고까지 결론을 내렸었으니까. 하물며 57년이라는 세월을 평생 목발에 의지하고 살아온 시간들이 얼마나 고통스럽고 힘들었을까? 장애인으로 사는 삶이 힘들어서 울지 않았느냐는 질문에 '장애를 갖고 태어난 것이 힘들고 속상해서 운 적은 단 한 번도 없었다. 그러나 내 처지보다 더 불쌍한 사람들을 보고 운 적은 있다.'라고 말했다.

나는 이 부분을 읽고, 내 삶을 불평하며 살아온 나 자신이 부끄러워 고개를 숙였다. 나의 실수로 다리를 다친 상황과 당장 불편한 현실을 비관하며, 매 순간 불평을 했던 나 자신이 너무 부끄러웠다. 나도 모르게 왈칵 눈물이 쏟아졌다. 다리의 불편함만으로도 세상이 온통 '불행'으로 가득할 것 같은데, 어떻게 저렇게 긍정적인 생각을 할 수 있었을까?

에세이를 통해 장영희 교수가 쏟아 놓은 모든 이야기 속엔 감동과 진솔한 마음, 생에 대한 아름다운 지혜가 가득하다. 지금 내가 얼마나 행복한 삶을 살고 있는지, 얼마나 축복받은 생의 한가운데 서 있는지를 너무도 선명하고 확실하게 알게 해 주었다.

 '최선을 다해 성실하게 살면 헛되지 않으리라는 믿음을 갖고, 늘 반반의 가능성으로 다가오는 오늘이라는 시간을 열심히 살아간다. 그러니 남의 마음속에 좋은 기억으로 남는 것만큼 보장된 투자는 없다. 몸으로 살아 내야 깨달을 수 있는 것이다.' 장영희 교수가 마음속에 간직하고 살아온 소신이자 철학이다.

 '소아마비'라는 장애로 잦은 수술을 해야 했던 고통도 담담히 받아들이며, 오로지 좋은 교육자가 되겠다는 신념으로 인내하고 노력했다. 운명은 가혹하게도 설상가상으로 그녀에게 차례로 유방암과 척추암을 선고했다. 너무나 기가 막힌 일이었지만 절망하지 않고, 특유의 긍정적 정신력으로 고통스러운 수술과 항암 치료를 견디고 이겨 냈다. '이 정도쯤이야 모두 이겨 낼 수 있다.'라며 반드시 다시 학교로 돌아가 학생들을 위해 강의를 하겠다는 희망의 끈을 놓지 않았다. 고통의 순간에도 '하늘이 자신에게 신체적 장애와 고통을 주었다면, 분명 축복을 받는 다른 부분이 있을 것'이라는 긍정적인 생각을 하며 더 열심히 노력하며 살았다는 말은 지금도 잊히지 않는다.

'나쁜 운명, 좋은 운명 모조리 다 깨워 가며, 저벅저벅 당당하게 큰 걸음으로 걸으며 살 것이다. 내 병은 더 좋은 사람이 되어 가는 아름다운 경력이다.'라고까지 했다. 강한 정신력으로 2년간의 어렵고 고통스러웠던 항암 치료를 마치고, 이후 다시 학교로 돌아가 강의를 하는 기적 같은 열정을 보였다. 불행의 주인공 같은 삶을 살면서, 어떻게 저런 마인드를 가질 수 있을까? 그럴 수 있었던 것은 '바로 희망의 힘' 덕분이라고 말했다.

하지만 결국 암이 간까지 전이되어 너무 안타까운 나이에 세상을 떠났다. 고통의 순간에도 자신과의 끊임없는 대화를 통해 스스로 즐거움과 기쁨을 만들어 가는 삶을 살았다. 누구에게나 공평하게 주어진 것이 있다면, 한 번 와서 한 번 가는 단 한 번뿐인 생을 살고 있다는 것이다. 우리는 지금 이 순간을 얼마나 행복하고 기쁘게 잘 살고 있을까? 장영희 교수가 늘 강조했던 최고의 기쁨과 즐거움을 생성해 내는 원천은 '어떤 조건에서도 희망을 가장 앞에 두고, 긍정적인 마인드로 살아가는 것'이라는 것을 많은 사람들이 배웠으면 하는 마음이다.

06

나를 변화시킨 인생 책을 소개합니다
(문미영)

취업 실패, 결혼 전 공무원, 교사 집안이 아니라는 이유로 시댁의 반대가 있었다. 설상가상으로 결혼한 지 8년이 되도록 자연 임신과 시험관 시술 실패 및 습관적 유산 등으로 내 삶은 그야말로 비극적이었다.

'다른 사람들은 취업도 결혼도 잘하고 임신, 출산까지 잘하는데 내 삶은 왜 이럴까' 하고 자책하며 나를 많이 괴롭혔다. 죽고 싶다는 생각을 했을 정도로 마음이 너무 힘들고 아팠다.

마침 그때 독서 모임을 시작하였고 독서 모임을 하며 만나게 된 작가가 김민 작가님이었다. 김민 작가님은 남자이시지만 여자 작가처럼 표현력이 섬세하고 관찰력이 뛰어나신 편이었다. 『유서를 쓰고 밥을 짓는다』라는 책을 통해 김민 작가님의 매력에 반하게 되었고, 팬이 되었다. 그 이후로 김민 작가님이 신간을 출간하시면 꼭 사서 읽어 보게 된다.

  나의 삶을 변화시켰던 김민 작가님의 책 두 권을 소개해 보고자 한다.

『유서를 쓰고 밥을 짓는다』

  작가님은 가난한 형편과 아버지의 죽음 그리고 손목에 줄을 그은 자살 시도, 오래 연애한 연인과의 이별도 글쓰기의 소재로 쓰고 있다. 다른 사람에게는 부끄럽고 숨기고 싶은 과거를 글로 승화시켜 이마저도 에세이로 쓰고 있어서 더욱 잘 읽힌 책이다.

  작가님은 늘 유서를 써서 친한 친구에게나 가족에게 준다고 한다.

  유서를 쓰면서 평범하고 반복되는 하루에 감사하게 되며 삶을 바라보는 관점이 달라졌다고 한다.

  책에 좋은 구절들이 너무 많지만, 그중 내가 좋았던 구절을 일부 보여 주고 싶다.

일이 뜻대로 풀리지 않아도 상황에 맞서 대응한 행동이 인생이 된다. 마음먹은 대로 살아낸 순간이 모여 내가 된다. 때로 아무것도 하지 않음이 다시 시작할 첫걸음이 된다.

- 김민, 『유서를 쓰고 밥을 짓는다』 중

『지은이에게』

2023년 11월에 출간된 신간이다. 제목의 '지은이'가 사람 이름이 아니라 '모든 글 쓰는 지은이(작가)'를 위해 쓴 책이라고 한다. 책 표지가 화려하지 않고 심플해서 반응이 좋았는데, 내용도 화려한 미사여구로 표현된 글이 아닌 진심을 다해 써서 더 좋았다. 플래그가 많이 붙었을 정도로 좋았던 내용이 많았지만 그중 일부를 공유해 본다.

어디로 가도 길이 되고 어디에 있건 빛나는 것이 삶이니까요. 지도를 만드는 사람은 길을 잃지 않아요. 삶의 어디로 가도 절정이기에.

- 김민, 『지은이에게』 중

인생 책을 만나기 위해서는 평소에 독서를 해야 한다.

시간이 없다는 핑계를 대지 말고, 출퇴근 시간, 대중교통을 타고 이동하는 시간, 잠자기 전 등 자투리 시간을 활용하여 독서를 해 보는 것은 어떨까.

그럼 혹시 아는가, 나처럼 삶을 변화시킬 만한 인생 책을 만나게 될지도.

07

결혼은 신중하게, 이혼은 더 신중하게
(장혜숙)

　결혼하면 수십 년 환경이 다른 곳에서 생활하던 남녀가 만나서 함께 살게 된다. 그래서 결혼 생활은 생각지 않은 문제나 갈등이 시시때때로 발생한다. 결혼 후 직장 생활과 가사 일을 병행하느라 작은 일에도 예민해져서 갈등을 겪기도 했다. 감성적인 성격에 꼼꼼하고 완벽을 추구하는 나와는 반대로 남편은 이성적이고 터프하고 과묵한 편이라 자기표현이 없어서 가끔 속을 끓이기도 했다. 결혼 전에는 터프하고 과묵한 것이 남자답게 보였는데, 결혼 후에는 그런 성격이 탐탁지 않았다.
　돌이켜 보니, 집을 떠나 타지에서 5~6년쯤 직장 생활로 지쳐갈 무렵, 옆 짝꿍이었던 음악 선생님의 소개로 남편을 만나 결혼 적령기가 되어서 별생각 없이 결혼했다. 옛 선조들은 혼례를 '인륜지대사'라고 했다. 결혼은 아이를 낳고 다음 세대로 삶을 이어 가는 인간이 해야 할 인생에서 가장 중요한 일이기 때문이다. 서양 속담에 '바다에 나갈 때는 한 번 기도하고, 전쟁에 나갈 때는 두 번 기도하고, 결혼할 때는 세 번 기도하라'는 말도 있지 않은가! 그만큼 결혼은 신중하게 결정해야 하는 일임에 틀림없다.

『결혼은 신중하게 이혼은 신속하게』라는 명쾌한 책 제목에 끌려서 이 책을 읽게 되었다. 2021년에 초판되었는데, 7쇄까지 발행된 것을 보면 공감하는 사람들이 많았나 보다. 이 책은 군법무관으로 오랜 기간 근무하고 있는 이혼 7년 차인 이지훈 변호사가 자신이 겪었던 이혼 과정의 고뇌와 우울증을 극복하기까지의 경험과 노하우를 담아 우리에게 인생 상담을 해 주고 있다. 지금은 17만의 구독자를 보유한 유튜브 채널 '아는 변호사'를 운영하는 유튜버이자 현직 변호사다. 이 책은 결혼이나 이혼처럼 인생에서 중요한 결정을 할 때 어떤 기준을 가지고 판단해야 하는지에 대한 조언을 담은 지침서다.

연애, 결혼, 이혼의 다양한 사례와 변호사로서 해 줄 수 있는 맞춤형 조언, 세상을 바라보는 나만의 기준을 만드는 법을 사이다처럼 통쾌하게 알려 준다. 저자는 '결혼은 법률적으로 육체적 정신적 결합을 목표로 하는 신분상의 계약이고, 그 계약 기간은 종신이다. 혼인 계약을 해지하는 방법은 이혼과 사망 두 가지뿐이다. 혼인이 해지되어도 원상 복귀는 불가능하다.'라고 단호하게 명시해 놓았다.

우리가 물건을 하나 살 때도 상품 설명서를 꼼꼼하게 살펴보는데 인생에서 무엇보다 중요한 결혼을 너무 경솔하게 결정하는 사람들이 많다. 상대방의 외모, 재력, 직업, 명예 등에 눈이 멀어서 그 사람의 본질이나 됨됨이를 제대로 파악하지 못하고 평생의 동반자를 결정하는 경향이 있다. 평생의 반려자를 선택하는 결혼은 인생의 그 어떤 결정보다 신중해야 한다. 결혼을 신중하게 하지 않으면 그 폐해가 이루 말할 수 없다. 인생 자체가 지진을 만난 것처럼 무너져 내린다.

우리는 인간관계 속에서 행복을 느낀다. 행복하기 위해서는 서로 소통하는 방식에 대해 알고 공감하는 능력을 기르는 것이 무엇보다 중요하다. 열심히 공부해서 좋은 대학 가고 번듯한 직장에 취업하는 것도 중요하지만, 사람의 됨됨이를 제대로 보는 눈을 길러야 한다. 이제 백세시대이니 결혼 전 부모님과 함께한 시간보다 결혼 후 배우자와 살아갈 날이 훨씬 길어졌다. 배우자를 잘 만나면 세상을 다 얻은 것처럼 행복하고, 잘못 선택하면 결혼 지옥이라고 흔히들 말한다. 그래서 작가가 알려 준, 사람을 제대로 파악하는 방법을 몇 가지 소개한다.

첫 번째, 상대방을 평가하기 전에 반드시 선행되어야 하는 것은 일상에서 세심하게 상대방의 사사로운 말과 행동, 태도, 낯빛, 습관 등을 주의 깊게 살피고, 그렇게 행동하는 이유를 관찰하며, 그것이 진심에서 우러나온 행동인지를 통찰하는 것이 필요하다.

두 번째, 일을 시작할 때는 신중하게 하고, 일을 끝낼 때는 삼가야 하며, 언제나 조심스럽게 매사를 묻는 것이다. 일의 시작부터 끝까지 삼가고 조심하며, 끊임없이 생각하고 적절한 질문을 할 수 있는 사람만이 자신의 인생을 지킬 수 있다.

세 번째, 인생은 파도타기와 같아서 굴곡이 있기 마련이다. 어려움을 헤쳐 나갈 수 있는 문제 해결 능력을 갖추고 있는지 체크해야 한다. 상대방에게 어떤 상황에 대한 궁금증, 의혹이 있다면 반드시 물어보아야 한다. 묻고 살피는 성숙한 태도가 필요하다.

네 번째, 상대방의 말과 행동, 반응을 자세하게 관찰한다. 내가 한 질문을 문제점으로 받아들이는지, 그냥 무시해 버리는지, 기분 나빠 하는지, 명쾌하게 설명하는지, 회피하는지를 면밀하게 살핀다.

우리는 행복하기 위해서 결혼한다. 하지만 장기전인 결혼 생활에서 행복을 느끼기보다 화병으로 하루하루 고통을 받으면서 불행한 결혼 생활을 이어 가는 사람들을 본다.

얼마 전 미용실에 들렀는데, 30대 중반으로 보이는 여성이 처음 보는 나에게 자신의 남편에 대해 속풀이를 했다.

'남편이 아이들 앞에서 자신을 함부로 대하고, 가정주부인 자신을 하녀 부리듯 해서 너무 속이 상하고, 아이들까지도 무시를 하니 살 수가 없다. 우울증이 심하고 무기력해져서 하루에도 열두 번 이혼을 생각한다.'고 넋두리했다.

얼마나 마음고생이 심하면 처음 보는 사람에게 거침없이 속이야기를 할까 싶어 안쓰러운 마음이 들었다. 그래서 그녀에게 남편의 무시하는 말투나 부당한 말에 무조건 순응하지 말고 자신의 의견을 정확하게 표현하라고 얘기했다. 예전에 텔레비전 방송에서 이런 비슷한 상담을 의뢰한 부부에게 상담사가 해 준 말이 생각났다. 그래서 그녀에게 내 생각과 상담사의 얘기를 전해 주면서 남편에게 꼭 전달해 보라고 했다.

그 상담사는 남편에게 "아이들 앞에서 엄마를 무시하면 아이들도 엄마를 함부로 대하게 됩니다. 더 시간이 흘러서 아이들이 성장하게 되면 보고 배운 대로 아버지에게도 똑같이 행동합니다. 아내가 우울증에 걸려서 병을 얻으면 아이들도 엄마의 우울함을 닮게 됩니다. 그런 자녀들은 자신감을 잃게 돼서 밝고 건강하게 성장할 수 없습니다. 그런 아이들은 자존감이 낮아서 부당한 대우에도 대항하지 못하고 삶이 무너집니다. 현명한 시어머니는 며느리 표정이 어두우면 아들과 손주들까지도 영향을 받는다는 것을 알고 있기에 며느리를 함부로 대하지 않습니다. 그러니 아내의 소중함을 알고 아내를 대하는 태도를 180도 바꾸셔야 합니다."라고 설명해 주었다.

서너 달이 지난 어느 날, 동네 미용실에서 그 여자분을 우연히 만나게 되었는데, 안색이 무척 환해 보였다. 내 얘기를 남편에게 전달한 후 남편의 말투나 태도가 많이 개선되어서 웃음도 되찾고 덕분에 편안한 일상을 보내고 있다고 하면서 감사의 인사를 전했다.

내 주변에는 가부장적이고 권위적으로 아내에게 큰소리를 치고 함부로 대하다가 아내가 암으로 먼저 세상을 떠난 후 혼자 식사 준비를 하면서 말년을 쓸쓸하고 처량하게 살고 있는 남자가 있다. 나는 세상에서 가장 못나고 나쁜 사람은 다른 사람들에게는 잘 대해 주면서 가족에게 함부로 대하는 사람이라고 생각한다. 아내의 소중함을 알고 가정을 반듯하게 챙기는 사람이 진짜 똑똑하고 현명한 사람이다.

저자는 "결혼과 같이 지속적인 관계에서 일방적으로 희생하거나 배려하는 것이 지속되면 그 무게를 감당하지 못한다. 부부는 애정과 신뢰를 바탕으로 일생의 공동체"라고 주장한다.

나는 독립적이고 자기 주도적인 성향이 강해서 집안 대소사가 있을 때면 혼자서 주도적으로 일을 처리했다. '애쓰다 보면 언젠가는 알아주겠지' 하고 생각했지만 그것은 착각이었다. 어느 날 손을 보다가 화들짝 놀랐다. 엄지손가락 마디가 염증으로 통증과 함께 변형되어서 무언가 툭 튀어나와 있었다. 정형외과를 찾았더니 관절에 염증이 심하다고 하면서 주사기로 물을 빼고 약을 처방해 주었다. 의사 선생님은 재발할 수 있으니 관절에 무리가 가지 않도록 주의를 당부하셨다. 혼자서 무리를 하게 되면 언젠가는 이렇게 탈이 나게 마련이다. 결혼은 둘이 짝이 되어서 협력하며 함께 가야 하는 길이다.

성경적 관점에 의하면 이혼의 세 가지 주요 원인은 첫째도 이기심, 둘째도 이기심, 셋째도 이기심이라고 한다. 결혼이란 두 사람이 함께 공동체 생활을 영위해 나가는 것으로 이해와 관심을 전제로 한 서로 간의 협조와 배려가 필요하다. 특히, 대화를 통한 소통이 중요하다. 원만한 소통을 위해서 자신의 생각을 적극적으로 표현하자. 표현하지 않고 상대가 알아주기를 바라는 것도 폭력이고 불통의 원인이다.

중국 속담 중에 "깨어진 둥지에는 온전한 알이 하나도 없다."라는 말이 있다. 에이브러햄 링컨은 "국력은 그 나라의 모든 가정에 달려 있다."라고 했다. 그만큼 가정은 우리들의 미래인 자녀들에게 매우 큰 영향을 미친다. 배우자가 신뢰를 회복하기 어려운 외도나 폭력을 지속적으로 자행하면 그 누구도 참기 어려운 상황이 되어 이혼해야만 하는 경우도 있다. 하지만 감정에 휘말려서 이혼을 결정하고 후회하는 경우도 많다. 서로가 믿음으로 결혼을 언약했으니 정상적인 관계를 회복하기 위해 전문 상담을 비롯한 다양한 방법을 끝까지 찾아보고 이혼을 결정해도 늦지 않는다.

교직 생활 중 만난 학생 중에 부모님이 이혼한 후 아버지에게 아동 학대를 심하게 당하고 아동보호센터에서 생활하게 된 경우도 있었고, 재혼한 아버지와 새어머니가 지긋지긋하게 자주 싸워서 심적 고통을 견디다 못해 자살을 선택한 학생도 있었다. 자녀들의 마음에 평생 깊은 상처를 주지 않도록 '결혼은 신중하게, 이혼은 신속하게'가 아니라 책임감을 가지고 **'결혼은 신중하게, 이혼은 더 신중하게'** 생각해 주기를 바란다.

인생은 진정한 나를 찾아가는 여정이다. 나답게 살 수 있을 때 주변을 챙길 수 있는 마음의 여유도 생기고, 내 삶을 책임질 수 있다. 후회하는 일이 없도록 자신을 바로 세우는 데 집중하자. 마음의 운전대를 잡고 자신이 선택한 길을 향해 멋지게 달려 보자. 여자의 지난한 삶에 현명한 선택을 할 수 있도록 조언해 주는 이 책의 일독을 강력하게 권한다.

08

하루살이가 발견한 하루의 가치
(김정후)

한때 "왜?"라는 질문이 그치질 않았다. "왜 그럴까?"로부터 시작해 "왜 사나?"라는 질문까지 질문의 꼬리는 꼬리를 물었다. 삶을 하나의 복잡한 퍼즐로 이해하고 고통은 삶에서 피할 수 없는 숙명처럼 여겼다. 하지만 한 권의 책이 이 모든 질문과 아픔을 해소하게 했다. 바로 『법륜 스님의 행복』이다. 답은 단순하고 명확했다. 당연한 답을 무시한 내 생각의 오류가 자신을 더욱 우둔하게 만들었던 게 아닌가 싶을 정도였다. 복잡해 보이는 감정을 논리적으로 쉽게 설명하니 부정할 수가 없었다. 이는 내 사고의 전환과 삶에 마주하는 다양한 현상을 해석하는 철학적 발판을 제공했다.

"놓아라!" 인생살이 원하는 대로 흘러가지 않아 괴로워하는

60대 남성에게 스님이 한 강연장에서 조언하신 답이다. 대기업에서 퇴직하고 중소기업에 입사했다는 이 남성은 회사에서 많은 문제점을 발견했고, 이를 해결하고 싶었다. 하지만 자기 뜻대로 일이 풀리지 않아 괴롭다고 했다. 그러자 스님은 그냥 하지 않으면 된다고 했다. 기대했던 답이 아니었는지 남성은 고개를 갸우뚱거렸다. 스님은 이 남성의 상황을 쉽게 이해할 수 있도록 뜨거운 돌덩어리를 쥐었다가 깜짝 놀라 뿌리치는 사람의 예를 들어 비유했다.

"앗! 뜨거워!"
"너, 그거 어떻게 놓았니?"
"그냥, 놓았어요."
"그래, 그렇게 놓으면 된다."

우리가 문제의 해결 방법을 몰라 괴로워하는 것이 아니라는 가르침이다. 핵심은 우리의 '욕심' 때문이라는 것. 사람이 자꾸만 그럴듯한 방법론을 찾는데, 애당초 좋은 방법이란 존재하지 않는다는 의미이다. 욕심의 끈을 놓기 싫어 하는 사람에게는 스님이 이렇게 일러 준다고 했다. "그럼, 그렇게 쥐고 있어라. 근데,

손 덴다." 반대 방향으로 뻗어 나가는 두 개의 욕망을 양손에 붙들고는 우리가 무슨 좋은 방법이 없겠냐고 누군가에게 계속 묻고 살았던 게 아닐까? 자기모순에서 비롯된 욕망이 상충하여 우리의 삶을 오히려 불행하게 만든다는 패러독스와 같은 조언이 아닐 수 없다.

편리함을 추구하는 디지털 혁명의 시대에서 왜 우리가 심리적 불안감과 스트레스로 괴로워하는지 명백한 근거를 제시한 책이 있다. 『인스타 브레인』이다. 책의 저자이며 정신과 전문의인 안데르스 한센은 우리 뇌의 진화가 아직도 수렵과 채집의 시대에 머물고 있다고 강조했다. 이를 설명하기 위해 한 페이지에 인류가 탄생한 1만 년의 시간을 1만 개의 점으로 표시했다. 다른 페이지에는 자동차, 전기, TV와 디지털 기기에 이르기까지 이들이 인류에 대중화가 된 기간을 점으로 표현했다. 불과 12개의 점이다. 뇌의 진화 상태가 아직 석기 시대에 머물러 있다는 간접적이면서도 명백한 증거다. 현재 우리의 뇌가 얼마나 다양한 부작용에 시달리고 있을지를 쉽게 짐작게 한다. 우리의 뇌가 드넓은 대지를 동경하는 이유가 납득이 된다.

책에서는 이미 많은 심리학자와 뇌 과학자들이 글로벌 기업들과 손을 잡고 우리의 뇌를 해킹했다고 주장했다. 하지만 이보다 더 충격적인 사실이 따로 있다. 도파민 분비를 과도하게 촉진하는 콘텐츠와 이로 인한 중독으로 그들의 돈벌이 굴레에서 우리가 벗어날 수 없다는 현실이다. 동영상 쇼츠를 시청하는 시간이 점차 늘고, 잠시라도 휴대 전화가 보이지 않으면 마음이 불안하다. 시대에 뒤처지지 않아야 한다는 강박 관념에 홍수처럼 쏟아지는 정보를 해석하기에 버겁다. 왠지 기분이 우울하다고 생각해 본 적은 없나? 설명하기 까다롭던 수많은 일상의 질문에 답을 찾을 수 있었다.

균형적인 감각과 시대에 적합한 통찰력은 우리 인생에서 중요한 도구다. 자신을 보호하기 위한 방어책이기 때문이다. 『인스타 브레인』과 같은 책에서 시대 변화를 읽고 『법륜 스님의 행복』과 같은 책을 통해 극복하는 방법을 터득해야 한다. 책을 통해 배움을 얻는다는 근시안적인 태도보다는 삶의 전략을 세운다고 생각하면 된다. 균형적인 자기만의 감각과 안목으로 자기 다운 삶의 태도를 취하는 것을 의미한다. 다르게 말하면, 타인의 의견에 휘둘리지 않고 자신에게 맞는 선택지를 현명하게 고르는 삶이다.

책을 다독할수록 알지 못하는 일화와 경험이 천체만큼 많다. 시대를 초월한 당대 현자들과 앞으로 얼마나 오랫동안 깊은 대화를 할 수 있을지 나는 모르겠다. 우주 탄생과 별의 소멸 시간을 고려하면 내 삶은 작은 하루살이와 같은 짧은 수명의 시간이다. 하지만 이 적은 시간에서조차 책을 통해 자기 정체성을 찾는 일은 가치가 있다. 삶에서 의미를 부여하고 동기 부여의 원동력이 되기 때문이다. 이 한 권의 책도 당신의 여정에 작게나마 기여했으면 좋겠다. 나는 이를 진심으로 바라며 오늘도 글을 쓴다.

09

인생 책, 당신이 옳다
(김순철)

맞다. 어떤 방식으로 삶을 살 것인가? 지금 나의 삶이 옳은 것인가?

끝없이 질문하면서 살아온 것 같습니다. 자존감이 낮을 아무 이유도 없었으나 항상 누군가의 눈치를 보며, 비위를 맞추려고 노력하며 살아왔던 것 같습니다.

많은 것을 이루고 싶었고 이루려고 노력해 왔습니다.

끊임없이 더 나아가고 싶은 욕심이 항상 있었고, 이루지 못한 것을 이루려고 노력하다 보니 번아웃이 왔습니다. 상담사가 번아웃이라니.

근 두어 달 동안 아무것도 하고 싶지 않고, 퇴근하고 집에 들어오면 피곤해도 무엇인가 하려고 노력하는 모습도 없었습니다.

무엇인가 모를 것들이 분노인지, 우울감인지, 모든 것이 다 무의미하고 가치 없게 느껴지는 순간들 속에 책을 선물받았습니다.

『당신이 옳다』. 제목만으로도 무엇인가 위로받는 느낌이 들었습니다. 이 내용만 보아도 나의 마음이 조금은 시원해지는 느낌이 들었습니다.

상대가 옳다고 느끼는 것이 과연 나에게도 옳은 것인가?
그렇지 않을 수 있습니다. 타인에게는 옳다고 느껴진다는 것은 이해관계에 있어서 타인에게 더 이득이 될 수도, 어떤 이유에서든 나에게는 고통이 될 수도 있습니다.
그러한 것으로 참고 인내하는 것으로 해결될 수는 없을 것입니다.

이 책은 심리적 CPR(심폐소생술)이 필요하고 절실하다고 진단합니다.
누구라도 심리적 CPR의 행동 지침을 배울 수 있게 안내하고 있습니다.
책 속에는 이러한 내용이 있습니다.

"요즘 마음이 어떠세요" 묻는 질문 하나가 예상치 않게 '심리적 심폐소생술(CPR)'을 시작하게 만들기도 한다.
이 질문은 심장 충격기 같은 정도의 힘을 발휘한다.

- 정혜신, 『당신이 옳다』 중

상담사로서 내담자에게 항상 "요즘 마음은 어떠세요."라고 묻습니다.

그것 자체로도 내 마음을 알고자 하는 사람이 있다는 것이 큰 힘이 되는 것은 사실이기 때문입니다.

때로는 나에게도 "지금 네 마음은 어떠니."라고 물어봐 주는 사람이 있었으면 좋겠습니다.

"지금 상황이 이러니 이렇게 해 줄래?"나 "내가 이러니까 너는 이랬으면 좋겠어."가 아닌, "지금 네 마음은 어떠니."나 또한 내담자뿐만 아니라 주위에 다른 관계에 있는 가족, 친구, 동료 등에게 "네 마음은 어때?"라고 물을 수 있는 사람이 되도록 하여야 하겠습니다.

이 책은 내가 스스로 나를 존중하고 타인을 존중하는 방법을 이야기하는 것으로, 타인에게 인정과 더불어 나의 마음도 인정하고 존중하는 방법에 대하여 서술한 것으로 마음을 알아 가는 데 크게 도움을 주는 책입니다.

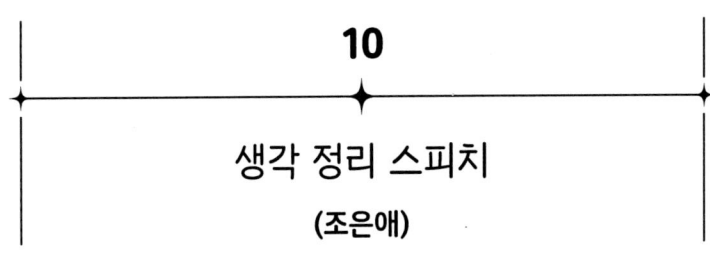

10
생각 정리 스피치
(조은애)

머릿속이 복잡할 때가 있다. 정리 정돈을 잘 못하는 내가 정리 좀 잘하고 싶어서 이 책을 골랐다. 머릿속이 복잡할 때 당장 해야 하는 3가지가 있다고 한다.

첫째는 어떻게든 끄집어낸다. 종이나 다이어리에 적어 본다.

둘째는 마인드맵에 작성해 본다. 생각을 움직이고 분류한다.

셋째는 실행해 본다. 우선순위를 정하고 게임처럼 지워 나간다.

나는 어렸을 때 발표를 잘 못했다. 무엇이 그렇게 두려웠는지 말이다. 그래서 다른 사람들이 하는 걸 많이 들었다. 말을 잘하려면 롤 모델이 있어야 한다. 나의 롤 모델은 누구일까? 한때는 손석희 아나운서를 따라 하기도 하고, 아줌마들이 좋아하는 김미경 강사도 따라 했다. 스피치 학원도 다녔다.

미용실을 운영하면서 휴대폰 통신 다단계를 5년을 했다. 그때 최고 직급인 다이아몬드 직급을 달성하면서 전국적으로 강의를 하러 다녔다. 강의를 안 해 본 사람이 열정은 있어서 닥치는 대로 했다. 그때 강의한 경험이 바탕이 돼서 그런지 이제는 앞에 나가서 말하는 것에 대한 두려움은 탈피했다. 하시만 생각 정리는 여전히 어려운 과제로 남아 있다. '생각 정리를 잘하면 스피치는 덤이다'라는 말이 있다.

"나에게 나무를 벨 시간이 주어진다면 도끼를 가는 데 80%를 쓰겠다."는 말이 있다. 그만큼 준비를 철저히 해야 한다는 말이다. 스피치에서 절대 하지 말아야 할 말이 있다. "준비가 부족한데 잘 들어 주세요."라는 말이다. 필요도 없는 말을 먼저 하고 시작하면 듣는 사람도 맥이 빠진다. 진짜로 하고 싶은 말은 못하는 경우도 있다. 숫자로 알 수는 없지만, 나처럼 생각 정리가 안 되는 분들이 많을 것이다.

나는 유튜브에서 말을 잘하는 사람이 되고 싶다. 말만 잘하면 SNS에서 돈을 번다. 누구나 자신의 이야기를 하는 시대가 왔다. 인생을 살아가면서 나의 콘텐츠를 찾아서 줄기차게 말을 하면서 앞으로 나아가자. 나는 건강한 아름다움에 관한 이야기를 잘하고 싶다.

스피치를 잘하는 방법 3가지가 있다. 강의를 할 때 내용을 요약해서 말할 수 있고, 여운을 남기고 실행을 할 수 있도록 해야 한다고 한다. 인간은 망각의 동물이다. 금방 말한 것도 돌아서면 잊어버린다. 내용을 요약하고 대본을 만든다. 여운을 남긴다는 말은 재미있게 하고 감성을 자극하라는 말이다. 어떤 사람은 영상으로 여운을 남기기도 하고, 어떤 사람은 명언으로 여운을 남기기도 한다. '나는 무엇으로 남길 것인가'를 끊임없이 연구해야 한다. 행동하게 하라는 청중의 행동을 변화시키는 것이다. 아주 작은 실천을 강조한다. 아주 사소한 것에서부터 실행에 옮겨 보자. 프로그램 〈세상을 바꾸는 시간 15분〉처럼 아주 작은 차이가 큰 변화를 준다. 66일 동안 챌린지를 하면서 뭐든지 할 수 있다는 것을 강조한다.

『생각정리 스피치』라는 책을 읽고 하루 10분이 중요하다는 걸 알았다. 재미있는 소재가 주변에 무궁무진하다. 그 많은 삶 속에서 즐거운 일, 슬픈 일, 괴로운 일 등 쓸 주제가 많은데 쓰지 못하는 것은 다 생각 정리를 못 해서 그렇다. 감동적인 말을 하고 싶은데 감동적인 소재가 없다면 이야기를 할 수 없다. 꼼꼼한 매의 눈으로 소재를 찾아야겠다. 누군가는 무심코 지나가는 일이 나에게는 소재가 된다.

사진작가가 되면서 세상이 달리 보이기 시작했다. 아주 멋진 장면을 보면 그냥 못 지나가고 카메라 셔터를 누른다. 어떤 경우에는 차를 멈추지 못하고 그냥 지나치면서 후회를 한 적도 있다. 아름다운 시간은 찰나에 흘러간다. 사진을 찍으면 버릴 건 버리고 좋은 장면이나 영상은 저장한다. 옛날처럼 앨범은 없지만, 차곡차곡 디스크에 저장해 두고 필요할 때 꺼내 쓴다.

스피치는 많이 할수록 자주 할수록 말의 근육이 생긴다. 계획을 세우고 생각 정리를 한다. 청중을 철저히 분석하고 수준에 맞는 강의를 한다. 강조하고자 하는 핵심 메시지가 반드시 있어야 한다. 스피치 대본을 ppt로 간결하게 만들어 강의를 한다. 스피치 당일, 멋진 강사가 된다. 반복이 답이다. 실행이 답이다. 준비하는 자세로 항상 긴장감을 놓지 않는다. 나는 멋진 강사가 되고 싶다.

11

괴테에게 배우는 인생
(황상열)

세상이 빠르게 변하면서 더 풍요로워지고 있다. 이와 반대로 예전보다 자신이 왜 살고 있는지 모르는 사람이 많아지고 있다. 쉽게 분노하고 생각하지 않고 행동으로 옮긴다. 하루가 멀다고 사건 사고도 끊이지 않는다. 개인주의가 만연하고 서로 간 믿음도 사라진 지 오래다. 열심히 살고 있지만, 방황하는 사람도 늘어나고 있다.

나도 마찬가지다. 나름대로 인생의 목표를 찾아 열심히 뭔가를 하고 있지만, 몇 년간 성과가 신통치 않았다. 올해 들어 정체기에 들어왔는지 번아웃이 왔다. 아무것도 하기 싫었다. 다시 한번 내 인생의 방향을 고민하고 있다.

만 10년째 글을 쓰면서 전업 작가로 먹고살고 싶지만, 실패했다. 그 찰나에 『인간은 노력하는 한 방황한다』라는 책을 만나게 되었다. 제목 자체가 마음에 들었다. 내가 롤 모델로 삼고 있는 김종원 작가님의 글을 통해 답을 찾기로 했다. 특히 이 책은 저자가 쓰는 세계철학전집 1권이다. 괴테의 명언을 통해 저자의 생각을 알기 쉽게 풀어내고 있다.

누구나 작가나 부자가 되고 싶은 목표가 있지만, 이루는 사람은 극히 적다. 이유는 위 구절처럼 생각만 하고 하지 않기 때문이다. 또는 한두 번 해 보고 포기한다. 끝을 보지 못하기 때문에 그 목표를 이룰 수 없다. 이제야 그 진리를 알게 되었다. 시작해서 끝까지 가기만 해도 70%는 달성한다.

10년째 글을 쓰고 있다. 작가의 꿈을 계속 가지고 있기 때문이다. 인기 작가가 되고 싶은 마음도 물론 있다. 더 높은 레벨로 나가기 위해서 좀 더 치열하게 실천하려고 한다. 계속 쓰는 것밖에는 방법이 없다.

지금 본업은 도시계획 엔지니어로 일하고 있다. 정말 하기 싫은 일이지만 어쩌다 보니 20년째 반복하고 있다. 여전히 어렵고 힘든 부분이 많지만, 그래도 반복하다 보니 다른 일에 비해 익숙하고 편한 것은 사실이다. 작가의 길도 여전히 어렵고 고통스럽다. 그래도 쓰다 보면 기쁨이 더 오지 않을까?

"인생은 결국 그가 하루하루 보낸 사소한 일상의 합으로 결정된다. 도달하고 싶은 어떤 수준이 있다면, 계속해서 반복하라."

좀 더 높은 수준의 작가와 강연가가 되기 위해서는 좀 더 많은 노력이 필요하다. 그 노력은 결국 계속해서 반복하는 것이다. 대가나 롤 모델을 참고하여 계속 벤치마킹하고, 나만의 것을 만들기 위해서는 반복하고 또 반복해야 한다. 쓰고 또 써야 한다. 강연도 대본을 짜고 외우고 연습을 거듭해야 한다. 그렇게 하다 보면 세상이 나를 알아주지 않을까?

이 책의 장점은 각 꼭지 마지막에 필사할 수 있는 문장이 있다는 것이다. 본문을 읽고 마지막에 있는 문장을 옮겨 적다 보면 동기 부여도 된다. 역시 저자만의 수려한 문장이 내 마음을 후벼 파면서 지금 힘든 내 마음에 불을 지폈다. 인생에 노력하는 한 방황하는 것은 맞다. 그 방황의 끝에는 반드시 성장이라는 열매를 만날 테니까. 오늘도 나는 노력하고 방황한다.

── 에필로그 ──

양지욱

첨단 기술이 발전할수록 인간만이 가진 능력과 매력이 중요한 시대다. Chat GPT에게 "독서 관련 명언 30가지 알려 줘. 내리는 비를 보고 노래 가사를 써 줘."라는 문장을 쓰고, 엔터를 치자마자 10초 만에 답을 끝냈다. 그런데 화면의 문장들이 사막의 모래알처럼 메마르고 쓰디쓰다. 인간만이 질문을 만들고, 감정을 느낄 수 있다. 특히 시, 그림책을 많이 읽으면서 풍부한 생각과 감정을 느끼려고 노력한다. 대화할 때마다 책의 구절을 인용하는 내가 사랑스럽다.

김지윤

나에게 밤 10시란 자유와 해방의 시간, 성장과 치유의 시간, 나에게로 찾아가는 사막을 건너는 시간, 마치 수도원에서 예배를 드리는 수도사처럼 경건한 시간이다. 낮 동안, 아니, 내 삶 속의 상처와 절망 등을 속 깊은 친구에게 전지전능한 신에게 털어놓듯이 책과의 대화를 시작한다. 내가 느낀 이 벅참을 이 책을 읽는 당신과도 나눌 수 있기를! 독서 모임의 동반자가 되어도 좋고, 서로가 서로에게 'Book Whisperer(독서의 세계로 초대하는 사람)'가 되어도 좋다.

최경희

오늘도 우리는 더 나은 자신을 위해 무언가 더 하려고 애쓰는 중일 것이다. 유튜버 '신사임당(주연규:『킵고잉』,『인생은 실전이다』,『슈퍼노멀』 저자)'은 스스로 자신을 돕고 타인을 도와 성공시킨 인물 중 한 사람이다. 그가 말하는 인생 리셋을 위해 무조건적으로 해야 하는 일은 시간을 확보하고, 목표를 설정하고 자신이 해야 할 일을 하고, 운동, 공부, 독서를 반복적으로 하라고 한다. 읽어야 할 책들을 읽기만 하면 되는 것이다. 오늘 읽을 책을 내일로 미루지 말자.

박진선

독서는 당신의 힘든 마음을 어루만져 준다. 책을 읽게 되면 당신에게 '해야 하는 일'들로 꽉 찬 삶 대신에 '하고 싶은 일'들로 꽉 채울 수 있는 삶을 선사해 줄 것이다. 진정한 삶의 목표, 살아갈 이유를 가진 나를 독서는 내 앞에 앉혀 놓을 것이다. 이 책이 들려주는 경험의 목소리, 삶을 대하는 정성스러운 태도에서 무언가를 얻었으면 좋겠다. 그리고 한 가지 분명한 것은, 그 경험을 얻기 위해 읽었다는 것이다. 다음은 당신의 차례다.

홍미영

지금 밖은 온통 화려하게 만개한 벚꽃 세상이다. 꽃눈처럼 휘날리는 벚꽃을 바라보니 내 인생 대부분의 시간을 '사는 데 필요한 것들을 소유하기 위해' 가장 많이 쓴 것 같다. 대부분 나와 같지 않을까? 독자들에게 "너무 소중한 시간! 이젠 작은 일부라도 진정한 행복과 기쁨이 있는 '독서로의 여행'을 위해 써 보세요!"라고 권하고 싶다. 허우적거리다가 '아름다운 세상 속의 행복으로 가는 길'을 못 보는 건 너무 슬픈 일이라고 알려 주고 싶다.

문미영

독서를 통해 삶이 변화했다고 믿는다. 책을 읽기 전에는 자존감이 낮아 항상 자책하고 남과 비교하는 삶을 살았다. 책을 읽기 전에는 느끼지 못하였던 것들을 경험하며 행복하고 즐거운 하루하루를 보내고 있다. 아직도 내 삶이 제일 힘들고 우울하다고 생각하는 사람이 있다면 책을 한 번 읽어 보자. 꼭 베스트셀러이거나 어려운 책이 아니어도 된다. 나에게 맞는 책을 읽다 보면 삶이 변화함을 느낄 것이다.

장혜숙

삶의 십자가를 지고 힘겹고 외롭게 걸어갈 때 책은 나에게 위로와 기쁨이 되어 주었다. 책은 미지의 세계로 나를 이끌고, 세상은 멋진 이야기로 가득하다고 끊임없이 손짓을 보낸다. 책을 통해 삶의 깊이를 조금씩 알아 가고 성장해 가는 나를 발견하는 것은 무엇과도 바꿀 수 없는 즐거움이다. 책을 읽으면 저자와 보이지 않는 대화를 하는 것 같아 풍선처럼 마음이 부푼다. 유한한 삶 속에서 독서가 주는 행복이 얼마나 큰지 많은 이들에게 전하고 싶다.

김정후

좋은 책과 올바른 독서법이 만병통치약은 아니다. 각자의 삶은 고유하다. 경험과 해석도 사람마다 다르기 때문이다. 경험자의 조언은 참고하되, 자신만의 방식을 찾는 것이 핵심이다. 인생에 정답이란 없다. 스스로 내린 선택이 곧 삶의 원칙이자 판단의 기준이 된다.

김순철

이 책에서 말하고자 하는 것은, 누구든지 하려고 하면 못 할 것이 없다는 것입니다.

우리에게 있어서 독서라는 것은 내가 지금 당장 현실적으로 이루지 못하거나 이루고 싶은 것 또는 내 마음을 알아 가는 중요한 양분이라 할 수 있겠습니다. 많은 책을 읽기에는 현실적으로 어려운 것이 사실입니다. 독서란 '꿈을 갖게 하고 이룰 수 있는 초석이 되는 것이 아닌가'라고 생각을 해 봅니다.

조은애

글쓰기를 좋아한다. 글을 잘 쓰고 싶다.

공저를 함으로써 책임감에 글을 쓰고 나니 마음이 후련하다. 이 글을 계기로 유튜브 방송도 잘할 수 있을 것 같다. 글로 쓴다는 것은 나와의 약속이면서 만방에 알리는 공표이기도 하다. 황상열 작가님과 소중한 여러분과 함께해서 감사하다. 작가가 되는 길은 쉽고도 어려운 일이지만, 꾸준히 하면 못 할 것도 없다.

황상열

자신의 인생이 잘 풀리지 않아 좌절하거나 감정의 소용돌이에 빠진 사람들에게 책을 읽어 보라고 권하고 싶다. 단지 꿈꾸면서 책을 읽으라는 것이 아니다. 책을 읽게 되면 자신을 객관적으로 돌아볼 수 있게 된다. 감정의 찌꺼기에서 벗어날 수 있다. 새로운 희망을 품을 수 있다. 매일 조금씩이라도 읽는 사람이 되면 좋겠다. 그대의 이름으로 책을 읽고, 그대의 글을 남겨 보자.